中国当代教育学术文库

ZHONGGUO DANGDAI JIAOYU XUESHU WENKU 中国当代教育学术文库

村落中的本土教育

涂元玲 著

山西出版集团
山西教育出版社

《中国当代教育学术文库》总序

20世纪90年代初，为了给教育学科中青年理论工作者搭建一个学术平台，我曾经为山西教育出版社策划出版“中国中青年学者教育学术文库”。他们接受了我的建议，并聘请我和汪永铨教授、鲁洁教授等组成学术委员会。我们每年对中青年学者申请的学术著作进行认真的评审，选出最优秀的著作出版，先后出版了二十多部。这套文库中的许多作品都获得各种奖励，例如项贤明的《泛教育论》、石中英的《教育学的文化性格》、丁邦平的《国际科学教育导论》都是全国头三批百篇优秀博士论文，檀传宝的《德育美学观》曾获第三届国家图书奖提名奖。因此这套文库的出版在中青年学者中引起了很大的反响。后来，山西教育出版社又先后出版了几部老年学者的著作，如黄济教授的《教育哲学通论》、我的《中国教育的文化基础》等。但是，由于出版社的改制和调整，“文库”有所停顿。

近年，出版社新的领导决定要把“文库”继续办下去，以繁荣我国的教育科学。经过多名学者的座谈研究，基于过去出版的教育学术著作已经不限于中青年学者的作品，所以把原来“文库”的名称改为“中国当代教育学术文库”，重新组织编辑委员会。新的“文库”除了吸收近几年来的新作品以外，将过去已经出版的、在学术界有较大影响的作品重新排印，归纳到新的“文库”中来，形成反映我国当代教育科学研究新成果的系列丛书。

我们刚刚庆祝过改革开放30周年和新中国成立60周年。60年来，特别是改革开放30年来，我国教育取得了举世瞩目的成就，教育科学繁荣昌盛，学术研究成果累累。如何把这些成果呈现出来并加以传播和应用，出版界有义不容辞的责任。因此，新的“文库”的出版有着重要的学术价值。

当前，我国教育正处在新的历史发展时期，从现在起到2020年，是我国全面建设小康社会，加快推进社会主义现代化的关键时期。党的十七大提出“优先发展教育，建设人力资源强国”的战略部署，为此，中央制定了《国家中长期教育改革和发展规划纲要》，为今后十年的教育发展制定了蓝图。要认真落实“规划纲要”，需要认真学习、解放思想、改革创新、大胆试验。在落实过程中有许多理论问题需要学术界去研究和探索，教育科学必将迎来新的繁荣。新的“文库”的问世适逢其时，它将为贯彻落实“规划纲要”服务，为我国教育科学的繁荣服务，为教育理论工作者搭建呈现成果的平台。

特别可喜的是，十多年来我国教育科学界一批中青年学者已经成长起来，他们对于“文库”的出版抱有很高的热情和期望，而山西教育出版社对于“文库”一直是热忱支持。承蒙他们对我的信任，还要我参加此项事业。我始终认为这是一项极有意义的事业，让我们大家来爱护它、发展她。

2010年3月识于北京求是书屋

目录

下 篇

序

为涂元玲专著写序言，其实是写我的读书体会。

涂元玲是一个执著、坚忍、细心、严谨、勤奋的年轻学者。这些品行，是在她做研究过程中看到的，也是在书中读到的。做学问，本身就是学者认识世界、做人、做事一体的功夫。

在中国快速“现代化”的进程中，学校教育几乎统领个人和社会发展的全部意义的时代，涂元玲却选择了“本土教育”为研究题目。借着一个国际项目志愿者的身份，她走进了陕西淳化的山涧村，用人类学、教育学视角探寻“本土教育”的概念、目的、内容、功能以及变迁。

本书的核心概念是“本土教育”，它承载了作者对“本土教育”的深度认识和情感。正如作者所言，本土教育“虽然涉及诸如饮食、居住等人类生活中的诸多内容，但是并不涉及这些方面的所有内容，而只涉及其中的具有稳定性和普遍性、模式化的方面”。本土教育具有不同于主流教育的有效性，具有两个方面的独特特征：一是与文化、语言、一定区域范围的人、富有见识的老人等方面内在地联系在一起；二是知识的形式是各种风俗和实践活动等。

该书分为上下篇。在上篇，作者将山涧村本土教育所涉及的生活和生产领域划分为儿童养育、儿童的玩耍和游戏活动、农业生产和家务活动、农闲与节日活动、社交礼节活动和成家这几个领域，并从本土教育的角度对每一具体领域进行了描述和分析。下篇则对关于山涧村本土教育的若干议题进行分析，从山涧村本土教育开展的基本单位、特征、功能和变迁的角度来进一步加强对山涧村本土教育及其价值的认识。

作者仔细辨析了山涧村本土教育的状态，一方面为“本土教育”非正规性“正名”，本土教育是山涧村人“自己的教育”，是以“成家”为目的的，本土教育与山涧村人的生活生产是融为一体的、不可分割的，即是山涧村人的生活或生产活动本身，其间，人们关于教育的理论与实践是统一的；另一方面，也清晰地看到在现代化的进程中，本土教育的式微：首先，国家办的教育目的是为国家和社会培养人才的教育，是山涧村人所不可以控制的；其次，国家政策、市场经济、改革开放、学校教育等因素开阔了山涧村青少年儿童的视野，提供给他们更多的人生选择，也将他们“剥离”了山涧村的本土环境，或者作为一种新的因素进入山涧村，通过将教育者、受教育者和教育内容加以“置换”，导致了山涧村本土教育的日渐式微，弱化了其功能。

该书在描述“本土教育”的特点的时候，引入了一个很有意义的事实性概念“养—教对应模式”，通俗的话，谁养的孩子谁负责教——“谁给娃娃吃饭，谁教导娃娃”，并分析了这种模式的稳定性、强制性和封闭性等特征，家庭（家长）对孩子（学生）的“为人”、“办事”、“成家”全面负责，也是对家庭、家族乃至国家负责任的一种教育模式。正如一位西方学者艾伦布·鲁姆也感慨的那样：家庭可以有天性、习性、人性、神性极其精妙的结合，家庭传播着事物整体秩序的解释，家庭有某种有关天堂和人类生活方式的权威和智慧。

“养娃娃哩，就是让娃娃不饥着，不渴着，不凉着，不学着坏人做坏事”，很长一段时期以来，人们把“教养一体”的本土教育更多看作是“落后”或“注定要消失”的。该书对山涧村教育故事的挖掘和描述，让我们清晰地看到以家庭和村落为单位的本土教育的活力和价值，并启发我们：今天教育的症结，就是"养—教分离"，学校、家庭、社区三者不是关照整合儿童经验和一生（做事—为人—成家），而是在时间、空间、责任上分割儿童生命、生活和发展的整体性，尽管教师、家长、社会都高度重视教育，都谈"发展"，目标却都是抽象的、外在性的，因为"养—教分离"的现实使每一方面都不可能对孩子真实的、完整的生命和生活负责，即使是孩子的亲生父母。

教育的发生需要三个要素，即教育者、受教育者和教育内容。这三个方面中的任何一个"缺席"的话，本土"教育"便不可能发生；现代学校教育在带给山涧村青少年超越于他们父辈生活范围的东西时，也使其父辈无法将本土教育的理论应用于对这些年轻人的教育实践中。家中的"两顿饭"和学校的"三餐制"在时空上的不对接，就可以断掉本土教育的命脉，且不说离孩子们生活更远更高的"目标"、"课程"、"前途"。

教育现代化不可逆转，但是可以自新，本土教育就是财富之一。

涂元玲在书的最后总结道：人类社会的教育形态是多样的，每一种教育都有其社会生活与生产基础。教育不是单数的education，而是复数的educations。必须将教育同整个民族文化生态系统联系起来考虑，才能相对正确认识教育的功能。只有结合一定社会的历史与文化传统、生活与生产状况，才能理解该社会的教育。对某一社会中的教育进行价值判断的结果，只有适合与不适合之分，而没有"发达"或"落后"之分。

在人类学研究视野里，人类经验的基本形式之一就是故事。在涂元玲讲述的故事中，将当下视为往昔的延续，并进一步导向未来，在叙事的形式中感知现实。在书中，一方面我们可以看到，本土教育的父母、长者将形形色色的个人生活用故事述说、故事传说来表达，以此促进人的成长，是本土教育的基本形式之一；另一方面，作者故事般的叙述说明提供了将个体故事嵌入特定文化与历史的叙说方式，让我们整体地把握了历史长河中的具体故事特征，把握了作者的胸意。

教育人类学的书，好读，有趣，加之作者生动、清晰、细腻、准确的文字功力，使得学术著作也脱去了枯燥晦涩的面目。当该书呈现在大家面前的时候，我们会在轻松、顺畅的阅读中深深地感悟到作者想要表达的教育的新故事、新观点、新视角、新立场。

郑新蓉

导言
人类学视野中的本土教育

教育是人类社会的一项重要活动。关于教育活动的认识，可以从不同的学科视野来进行研究，其中人类学是在此方面作出了重要贡献的一门学科。自从人类学产生以来，教育就成为这一学科不断关注的对象。不过，由于人类学独特的研究视角和方法，与教育学、社会学等其他人文社会学科相比，它着眼于教育的研究内容是比较独特的。其中一个显著方面，就是有关本土教育（indigenous education）的研究。本著作即是关于我国西北地区一个村落中的本土教育的探讨。那么，人类学视野中的本土教育究竟指什么？人类学为什么要研究本土教育？就本书而言，为何对一个村落中的本土教育进行人类学研究？这个村落中的本土教育又是什么？它有什么特征？它的存在有什么意义？在社会不断变迁的背景下，它受到了什么样的影响？未来它走向哪里？

在回答这些问题之前，需要充分理解人类学视野中的教育概念和既有的有关本土教育的认识。

第一节　人类学视野中的“教育”概念

为了了解人类学视野中的教育概念是什么，首先分析一下人类学历史中的“教育”概念是什么。

一、人类学历史中的“教育”概念

在人类学的历史中，很多学者阐述了对“教育”概念的认识。在美国，“人类学之父”博厄斯（F. Boas）在其所著的《人类学与现代生活》一书中，曾以“教育”为标题，专设一章内容，分析人类教育的问题。在该章中，大量内容涉及人的体质变化、性别分化等问题。其中包括以爱斯基摩人为例，分析了思维方式对人学习刀、弓、箭等技艺的影响，此外还分析了社会文化环境对青春期危机的影响。① 在博厄斯看来，教育涉及的内容相当广泛，它与生活环境中的诸多方面存在着紧密的联系，诸如日常生活中关于刀、弓、箭使用的学习就是一种教育。

英国人类学的开山鼻祖马凌诺斯基（B. Malinowski）在《文化论》一书中，从文化的角度指出，家庭、亲属、地方、年龄、职业团体、技术、巫术、宗教会社等制度，在它们的次要功能上，与我们的语言一道，都担任着教育的职务。② 这里，马凌诺斯基主要从功能主义立场出发，指出了人类生活中具有教育功能的各个方面。

路威（Robert H. Lowie）在综合了关于多个国家的人类学研究分析后而写成的《文明与野蛮》一书中，直接指出了“什么是教育”。他提出，在印第安地区，孩子很小年纪便使弓弄箭，八九岁便学习射小鸟或兔子，参与射靶比赛和假的水牛猎以及作战演习；成人以打倒敌人为荣，那些少年拿水牛、狼、山狮当敌人；他们模仿长辈，组织会社，有徽章和职位；一旦他们成人，他们获取的知识足够使他们进入正式社会。男孩子外出觅食，或独行，或结群，也就产生了合作训练。澳洲的少年常常跟着父亲去打猎，他一方面领略旅行的滋味，无意中也就获得了木工的基础知识，学会了使枪的方法，练习了使用飞来飞去（boomerang）的手法。这些都是第一流的职业教育。③（此处的着重号为本文所加）

爱尔乌德（C. A. Ellwood）从人类社会文化发展的角度指出，“畋猎、打仗、建茅房、制皮衣，以及精神方面的新发现，都有各自的技术，在这些技术中，认识了某些人是比较精娴的，于是大家即拜之为

① 参见［美］博厄斯：《人类学与现代生活》，华夏出版社 1999 年版，第 108～128 页。

② 参见［英］马凌诺斯基：《文化论》，华夏出版社 2002 年版，第 49 页。

③ 参见［美］罗伯特·路威：《文明与野蛮》，北京：生活·读书·新知三联书店 2005 年版，第 155～156 页。

师”①。爱尔乌德虽然没有明确提出“什么是教育”，但从其关于“师”的论述中，可以设想到“师”所教授的内容，即包括了畋猎、打仗、建茅房等方面。

赫斯科威兹（M. J. Herskovis）与爱尔乌德一样，虽然没有直接指出什么是教育。但是在其关于人类学习的界定中可以看出什么是教育。他提出了“濡化（enculturation）”的概念，认为“濡化”是指把人类和其他动物加以区别的经验，能使人类在生命的开始和延缓中，藉此种经验，以获得在其文化中的能力。②

不仅在人类学界而且在教育界也产生重要影响的文化与人格学派关于“教育”的理解也很值得关注。文化与人格学派的代表人物之一、美国人类学家米德（M. Mead）在其享誉世界的《萨摩亚人的成年》一书中指出，教育是指降生人世但未经教化的婴儿逐渐成为他（或她）的社会中完全成熟的人。③ 在这本著作的“萨摩亚儿童的教育”一章中，她详细分析了萨摩亚人是如何教育孩子的，其中涉及孩子的出生、哺乳、照管、游戏等方面。④米德还指出，“没有一个人类学者在做田野工作时，没有注意到当地人的教育经验”⑤。

在我国，人类学领域中关于教育的研究虽然并不多，但也有学者在研究中涉及不少关于教育的论述。其中，我国人类学家费孝通先生在其所著的《江村经济》一书中，有一节以“教育”为标题，专门论述了所研究村落中的教育问题。在这一节的起始就谈道：

---

① ［美］爱尔乌德：《文化进化论》，上海文化出版社 1989 年版，第 139 页。

② M. J. Herskovis. *Man and His work*. New York：Kropt，1948，P. 39. 转引自：芮逸夫主编：《云五社会科学大辞典》（第 10 册），《人类学》，台北：台湾商务印书馆 1971 年版，第 279 页。

③④ 参见［美］玛格丽特·米德：《萨摩亚人的成年》，浙江人民出版社 1987 年版，第 10 页、第 16～30 页。

⑤ 转引自周德祯：《教育人类学导论——文化观点》，台北：台湾五南图书出版公司 2001 年版，第 15 页。

> 孩子们从自己的家庭中受到教育①。男孩从14岁开始，由父亲实际指导，学习农业技术，并参加农业劳动。到20岁时，他成为全劳力。女孩子从母亲处学习蚕丝技术、缝纫及家务劳动。②

在上述话中，我们可以管窥费孝通先生有关“教育”的理解，即他认为的教育，涉及生计方面的内容。费孝通先生之所以在关于教育的论述中提到生计，是因为他主要研究的是江村经济生活，因而将有关教育的分析侧重于生计方面，是自然而然的事，这并不难理解。

著名人类学家林耀华先生在为庄孔韶教授的《教育人类学》一书所写的“致读者”的第一句话鲜明地指出了人类学视野中的教育含义，“人类学始终是以宽广的含义看待教育的，然而现代的人们总是把眼光对准学校，以为学校就是教育，学校的改革就是教育的改革，这显然是不全面的”③。从他的这一观点中可以看出，并非只有学校教育才是教育，或者说教育是超越学校教育范围的。

与费孝通先生和林耀华先生一样在国际人类学界享有同样声誉的杨懋春先生在其著名的《一个中国村庄：山东台头》一书中，用专章谈到“孩子培养”的问题。在这一章中，杨懋春先生分析了婴儿妈妈的怀孕和分娩以及婴儿饮食、上学、玩耍、惩罚等方面的情况，时间范围从一个生命的孕育到结婚为止。④需要引起注意的是，他使用“培养”一词，来指称一个人从诞生到成人整个过程中所受到的外部影响，这种概念变化的背后，反映出他对“教育”的理解。我们知道，教育通常被界定为

---

① 但是，这种教育并非教育理论与实践中经常提及的“家庭教育”。这是因为：第一，现在的“家庭教育”比费孝通先生所指的在家庭中所受到的教育的含义要窄得多，主要限于家庭中的思想、道德和伦理等方面的教育；第二，现在的“家庭教育”一般是在与“学校教育”相并列；第三，现在人们提到“家庭教育”时，经常是从服务或发展学校教育作用的角度而言的，如在家庭中开展的辅导学生关于学校教育方面的学习。

② 参见费孝通：《江村经济》，商务印书馆2001年版，第50页。

③ 参见林耀华：《致读者》，庄孔韶：《教育人类学》，黑龙江教育出版社1988年版。

④ 参见杨懋春：《一个中国村庄：山东台头》，江苏人民出版社2001年版，第121～128页。

“培养人的一种社会现象”①，这里，“培养”理解为栽培养育，引申为教育、造就人才。《宋史·苏轼传》中，曾有“要在朝廷培养之，使天下之士莫不畏慕降伏”②，从这个角度看，培养即教育。由此我们可以推断，即使杨懋春先生本人没有把“培养”和“教育”等同起来，这两个词之间的相关性还是十分明显的。

和费孝通先生主要从经济的角度论述教育相比，杨懋春先生关于教育的分析要宽泛得多。这是因为，他对教育的论述是在对“台头村”进行整体性研究时进行的。所以，他们的分析只是角度不同，观点并不矛盾。而且，我们可以从他们基于不同角度对教育进行的不同分析中，看出人类学视野中“教育”的一个重要特征，即教育是与具体生活相联系的，人的教育即是指处于一定社会中的人在身体、心理和生活技能等方面得到发展。

台湾地区著名的人类学者李亦园先生关于“教育”的见解与林耀华先生的很相似，“一般说到教育，都很容易使人联想学校，其实学校的教育只是教育过程的一部分”③。并且，他还对“教育”作出了具体分析，“教育是一个社会把他们的文化传统传递给下一代的过程，传递的目的主要是要使他们的儿童成为社会中正常的成员，因此传递的内容包括文化传统的全部，而技术知识的传递只是其中的一部分而已”④。

二、人类学视野中“教育”概念的特征

综合上述人类学历史上诸多方面的分析，可以看出人类学视野中关于“教育”概念的理解具有以下几个方面的特征：

第一，理论的概括与具体内容的阐释相结合。这一点可以通过与其他视野关于“教育”的分析相结合来分析。关于教育的定义，教育学领域的界定常常是“培养人的一种活动”，社会学领域的界定是“人的社

---

① 中国大百科全书总编辑委员会：《中国大百科全书·教育》，2004 年，“教育”词条。该词条由董纯才、刘佛年、张焕庭编写。在这一词条中，编写者还提出，教育起源于劳动，而劳动是在社会集体中进行的。教育是适应人们在生产劳动过程中传递生产经验和社会生活经验的实际需要而产生的。

② 转引自夏征农主编：《辞海》，上海辞书出版社 1999 年版，第 1562 页。

③④ 李亦园：《人类的视野》，上海文艺出版社 1996 年版，第 33 页。

会化”。这些界定，是对人类教育活动的不同的理论概括。而由上文可以看出，人类学的界定不仅有理论的界定，还包括具体内容的阐释。因为说到教育，还包括各种具体的活动方面，而这正是人类学视野中教育概念的特征。这一点使人类学关于教育的界定具有鲜明的经验色彩。

第二，“教育”与社会生活是紧密相连的，而非孤立的或“封闭”的。在分析教育时，要将之与影响它的诸多方面联系起来进行分析。另外，教育并非只限于或主要是限于学校教育领域，社会生活中的一些方面就是一种教育活动，例如路威和爱尔乌德提出的“打猎”、米德分析的“游戏”等。所以，人类学研究的教育不是封闭的、而是开放的教育，要关注它同诸多社会领域之间的联系。

第三，教育涉及人类生活领域的诸多方面，从一个人呱呱坠地到学会说话、行走、游戏、学习、生计、结婚等诸多方面。相比而言，当前教育学领域论述的教育具有广义和狭义之分，但是主要是指狭义的教育，即学校教育。而人类学则研究广义的教育。无论是在林耀华和李亦园两位先生关于教育概念的分析中，还是在博厄斯与路威关于教育内容的分析中，以及在马凌诺斯基关于教育功能的分析中，都把教育作为文化下面八个领域中的一个。①这一点也是人类学的独特之处。

第四，研究的方法论特征。人类学关于教育的研究所研究的是具体的教育活动，这就涉及如何研究的问题。人类学关于教育研究的方法论是民族志的方法论。民族志的方法论是指通过长期的田野调查，对在与被研究者互动中获得的第一手资料进行理论分析。其核心是田野调查，“田野调查”是指研究者长期深入到某一社区或某一群体，同当地人们一起生活，学习他们的语言，参与他们的各项活动，通过参与观察、访谈、体验等获取第一手资料的方法。②

第五，从人类学历史中的“教育”概念来看，在具体社会生活中，能够称为“教育”的方面具有稳定性和普遍性。例如，路威关于印第安地区儿童教育的论述，研究的并不是某一个儿童的情况，而是对该地区

---

① 参见［英］马凌诺斯基：《文化论》，中国民间文艺出版社 1987 年版，第 4 ~8 页。

② 参见樊秀丽：《教育民族志方法的探讨》，载《教育学报》，2008 年第 3 期。

普遍存在着的现象的分析。

第六，由于学校教育是其他学科视野中对教育进行研究的主要议题，因此最后说说人类学关于学校教育的观点。首先，从上述有关分析来看，在人类学研究中，学校教育只是人类教育的一个部分。在学校之外，儿童游戏、儿童与成人的互动、参与的生产生活均是他们教育中的一个重要部分。其次，学校教育不是孤立的，而是处于一定社会情境中的，因此与这种情境中的多个方面具有紧密的联系。所以，即使是在以学校教育为主题的研究中，也要将之与社会背景联系起来，以便进行尽可能全面和准确的分析。美国著名人类学家亨利（J. Henry）在研究学校教育时就十分注重文化背景的影响，如他在分析霍皮地区的印第安儿童的学习过程时指出，霍皮的印第安人习惯于“扩散式教学”，这与其社会结构有密切的关系，而这种教学则是使这些学习形式得以顺利运作的一种过程。①

根据上述特征，可以将人类学视野中的教育概念与相关的概念相区分。一是与一些研究中的“生活”或“日常生活”概念的区别。在把握人类学视野中关于教育的含义的同时，我们首先需要将之与一些研究中的“生活”、“生活世界”、“日常生活”等概念区分开来。一些研究中的“生活”、“生活世界”或“日常生活”以从哲学角度的分析居多，②很少有研究从人类学角度涉及具体生活的探讨；既有的与人类学相关学科或视角的研究主要关注的是“‘学校’生活”或“‘学校’日常生活”③，并没有涉及学校之外的广泛“生活”。而从前文的分析来看，人类学视野中的“教育”是远远超越于学校范围的。二是与“生活”的日

---

① J. Henry, “Attitude Organization in Elementary School Classrooms,” in George D. Spindler, ed., *Education and Culture*. New York: Holt, Rinehart & Winston. 1963, pp. 192～214.

② J. 本特松的《“生活—世界”教育学——西方教育学研究传统的新视角》，载《国外社会科学》2002 年第 4 期；谭斌的《论教育学中关于“生活世界”的话语》，载《南京师范大学学报》（社会科学版）2001 年第 1 期；刘铁芳的《试论教育与生活》，载《教育理论与实践》1996 年第 4 期，等等。

③ 刘云杉的《学校生活社会学》（南京师范大学出版社 2002 年版）；郭华的《静悄悄的革命——日常教学生活的社会建构》（北京师范大学出版社 2003 年版）；谢妮的《学校日常生活中的身体》（北京师范大学博士学位论文，2006），等等。

常概念的区别。关于教育概念的人类学理解也不同于我们日常使用的“生活”概念。原因有两个方面：首先，虽然我们在日常生活中使用的“生活”概念不同于刚刚分析的一些研究中的“生活”仅指学校生活，而是包括饮食、居住、服饰、人际交往等诸多方面，而这些方面也是人类学视野中的教育所涉及的。但是，如前文所述，教育虽然涉及诸如饮食、居住等人类生活中的诸多内容，可是并不涉及这些方面的所有内容，而只涉及其中的具有稳定性和普遍性、模式化的方面。其次，生活中有些方面对人的成长产生积极影响，但是有些方面却对人的成长产生消极影响，后一方面则不能称为教育。

三、人类学视野中“教育”概念的意义

人类学视野中的教育概念对当前教育研究具有很多方面的意义。本书重点分析如下两个方面。

1. 用整体、联系的观点来看教育

人类学研究的显著特征之一，是在其研究过程中始终贯穿着一种“整体性视角”（the holistic perspective）。人类学不同于政治学、经济学、心理学、教育学等其他研究人类文明的学科，它不仅仅研究人类生活的一个或几个方面，而是要将人类及其社会文化作为一个整体来研究，试图给出全貌性的观察和整体性的结论。因此，人类学对某一区域的人类生活研究不仅包括这一区域的政治组织、经济状况，还包括这一地区的自然环境、社会习俗、语言文字、宗教信仰、文化遗存、婚姻及继嗣制度、个体生理特征、儿童养育、社会历史变迁、科技发明等人类活动的各个方面。在这样的基础上，人类学研究尤其强调各种社会事象之间的关联，强调文化的背景分析（contextual analysis），从而将社会事象与各种各样其他方面的因素联系起来，进而获得对于该区域人类社会生活的深入理解。杨孔炽教授也指出人类学的这种特征对研究教育问题的意义。他引用了“应试教育”的例子，即关于“应试教育”特征及其根源的理论分析应该置于中国几千年文化发展的整体框架中加以考察：中国儒家传统教育思想的基本主张是“克己复礼”、“克己复礼为仁”、“仕而优则学，学而优则仕”，后来又有“建国君民，教学为先”（《学记》）和“教，政之本也”（《春秋繁露》）的观点，显示了中国传统教

育极为显著的政治性和伦理性特色；同时，儒家礼仪的政治和伦理观念特别是其中的等级规定，已经先行决定了教学过程的单向性和依附性以及在教育过程中有意或无意加以强调的集体意识等。……这就是应试教育的根本特征和终极性的根源所在，而不是像一些人所说的根源于“家长的功利心态”、“考试制度的不配套”、“社会流动制度”和“大学入学考试制度”等等。① 我国著名的人类学研究者、中国人民大学庄孔韶教授也指出，教育中渗透的这些传统文化成分，使得在中国的教育和教学过程中，教育对象总是表现出被动的受教特征，这在本质上是一种族群性的约束性文化表现。②

2. 关注人类社会中的多种教育现象

学校只是教育活动中的一种，教育研究不能只关注学校，还需要关注学校之外的各种教育现象。对这些现象进行研究的意义至少有两个方面：首先，丰富关于教育活动的认识。因而，不同意有学者提出的，即对于教育人类学而言，田野地点不是“社区”，而首先是“学校”③，不同意这种观点的原因是其抹杀了人类学的独特性，使人类学关于教育研究的丰富意义所去无存。师从马凌诺斯基的我国著名人类学家费孝通先生在一次被教育学会邀请的活动上发言说：“今天我想同社会学者和教育工作者讨论一下，是不是可以说我们所碰到的教育问题已经远远地超出了过去我们所讲的教育学上的问题了，就是说，我们已不能把教育问题看成是一个学校范围内的问题了。也可以说，学校范围之内已经解决不了这些问题了。这些问题牵涉很多社会因素，这些因素必须科学地加以分析，逐步地把这许多因素分析清楚之后才能进行综合治理。”④那么，研究这么多方面的教育，不是使教育研究更加复杂和困难吗？西方

---

① 参见杨孔炽：《教育理论创新的他山之石——从人类学研究的几个特征谈起》，载《北京大学教育评论》2003 年第 4 期。

② 参见庄孔韶：《教育人类学》，黑龙江教育出版社 1989 年版，第 189 ~ 211 页。庄孔韶等：《人类学通论》，山西教育出版社 2001 年版，第 438 页。

③ 参见李政涛：《论“教育田野”研究的特质》，载《教育研究与实验》，2007 年第 6 期。伍红林：《论基于教育学立场的教育田野研究》，载《教育理论与实践》2008 年第 10 期。

④ 费孝通：《开展教育社会学的研究》，载《费孝通文集》第八卷，群言出版社 1999 年版。

“人类学之父”爱德华·泰勒（Edward B. Tylor）给出了答案：人类学在教育研究中的加盟，将“快捷地促使研究负担的减轻，而不会加重……它把日常教育的零散科目合为一个便于掌握的整体”①。其次，获得了关于学校的另一种认识。通常在教育学意义上，我们认为学校教育是人类的主要教育形式。而如同有学者所指出的，人类学对教育研究的主要贡献之一就在于区分了诸如学习情境、教材、历史和社会—文化等变量之间的相互关系，把学校视为更为广大的社会系统中的子系统。如果我们要理解学校教育如何发生以及学校教育如何影响人们的认知过程，就必须认真地分析学习情境和知识传播过程。②有学者根据对人类学著作中关于近代乡村教育的研究的分析也指出，人类学的研究提醒我们，不要就教育而论教育，而要在多学科的背景中来理解近代学校教育。

第二节　人类学视野中的本土教育

一、人类学领域的本土教育研究

在人类学领域，基德（D. Kidd）对南非卡菲地区的教育进行的研究，较早涉及本土教育问题。基德通过研究发现，在卡菲社会中，个体从童年时代到成年时期都在接受教育，例如不断地从家庭成员、同辈群体和其他成年人身上，学习卡菲地区要求其成员应该掌握的知识。③最

① ［英］爱德华·泰勒：《人类学——人及其文化研究》，上海文艺出版社1993版，“序言1”。

② 参见袁同凯：《学校、社会与文化：教育人类学的情境观》，载《西北民族研究》2008年第3期。

③ D. Kidd, *Savage Childhood: A Study of Kafir Children*, from S. Juan, “Education of Indigenous Peoples, Anthropological Study of,” in Torsten Husén, T. Neville Postlethwaite (eds.), *International Encyclopedia of Education*, Kidlington: Elsevier Science Ltd, 1994.

早对本土教育开展系统研究的，当推美国人类学家米德。1925 年，米德在距离美国本土社会万里之遥的萨摩亚地区，开展有关那里的年轻人青春期状况的研究，其中涉及对萨摩亚儿童教育的研究，并据此对美国教育进行了反思 。① 米德研究的理论和实践意义在于，通过对萨摩亚社会的研究，表明人在青春期中出现的情况是基于文化背景的，而不是普遍的。之后，米德又对新几内亚的马努斯儿童的教育与成长、新几内亚的三个原始部落中性别角色的形成进行了研究，认为性别角色的形成与教育之间存在很大关系，而不是因为先天的生理结构导致的；两性受到教养的内容和方式方面的差异，是与该社会中的文化相联系的。② 在上述研究中，米德开始思考教育与人类社会的具体生活方面相联系的有关问题。

和米德差不多同时代的劳姆（O. Raum）对查哥地区的本土教育进行了研究。他重点分析了儿童同辈群体对其成长起到的作用，认为对儿童进行教育的教育者既包括他们的父母亲，又包括其同龄人。③ 弗思（R. Firth）根据在蒂科皮亚的波利尼西亚岛的研究提出，儿童只有通过本土教育系统才能成为蒂科皮亚家庭的成员和成为成人，这种本土教育遵循着蒂科皮亚社会组织的原则。④ 纳德尔（S. F. Nadel）在对尼日利亚中部的努卜的研究中也提出，同辈群体是一种重要的教育形式，可以帮助儿童掌握日常生活中所需要的知识与技能。⑤ 赫斯科威兹（M. Herskovits）分析了非洲西部的达荷美地区本土教育对社会发展的作用，

---

① M. Mead, *Coming of Age in Samoa.* New York: William Morrow, 1961.

② 参见［美］玛格丽特·米德：《三个原始部落的性别与气质》，浙江人民出版社 1988 年版，第 266 页。

③ O. Raum, "Chagga Childhood: A Description of Indigenous Education in an East African," in Middleton, John (eds.), *From Child to Adult : Studies in the Anthropology of Education.* Garden City, N. Y. : Natural History Press, 1970.

④ R. Firth, "Education in Tikopia," in Middleton, John (eds.), *From Child to Adult : Studies in the Anthropology of Education.* Garden City, N. Y. : Natural History Press, 1970.

⑤ S. F. Nadel, "A Black Byzantium: The Kingdom of Nape in Nigeria," in Middleton, John (eds.), *From Child to Adult : Studies in the Anthropology of Education.* Garden City, N. Y.: Natural History Press, 1970.

认为本土教育既作为达荷美社会变迁的工具，也成为达荷美社会文化延续的工具，起到保持达荷美文化中一些重要因素不会受到破坏并将之传递给下一代的作用，并使远离家乡的达荷美人形成一种认同感。① 利特尔（K. Little）对塞拉利昂的门代的一种特殊教育组织——灌木丛学校（bush school）进行了研究，认为在门代社会中，它发挥了将核心文化传递并使之保存下来的重要作用。这种教育是为门代社会中的男孩和女孩走向成人社会做准备的主要方法。② 沃特金森（M. H. Watkins）则对非洲西部的灌木丛学校（bush school）进行了分析，认为“灌木丛学校”的两种形式——poro 和 bondo——是专门为男孩和女孩而设立的，分别培养男孩和女孩掌握社会认可的价值观和行为方式。③ 斯皮罗（M. E. Spiro）分析了以色列一个村庄中的教育组织——kibbutz。在该村庄，婴儿出生四天后即被送到这一组织中。这一组织在儿童成长过程中具有最为主要的作用，而家庭在儿童成长过程中的作用则小得多。④ 埃根（D. Eggan）对美国东南部的霍皮地区进行了研究，明确地指出教育在延续霍皮的文化认同感中具有重要作用。⑤

随着人类学领域对认知的关注，出现了一些专门针对本土人们的学习方式进行的研究。例如，加伊（K. Gay）和科尔（M. Cole）在利比里亚的佩里地区、怀廷（J. Whiting）在巴布亚新几内亚的塞皮克河高

---

① M. Herskovits, “Education and Cultural Dynamics: Dahomey and the New World,” in Middleton, John (eds.), *From Child to Adult: Studies in the Anthropology of Education.* Garden City, N. Y.: Natural History Press, 1970.

② K. Little, “The Social Cycle and Initiation among the Mende,” in Middleton, John (eds.), *From Child to Adult: Studies in the Anthropology of Education.* Garden City, N. Y.: Natural History Press, 1970.

③ M. H. Watkins, “The West African ‘Bush’ School,” in G. D. Spindler (eds.). *Education and Culture: Anthropological Approaches.* New York: Holt, Rinehart and Winston, 1963.

④ M. E. Spiro, “Education in a Communal Village,” in Israel, *Education and Culture*, pp. 468 ~ 479.

⑤ D. Eggan, “Instruction and Affect in Hopi Cultural Continuity,” in G. D. Spindler (eds.). *Education and Culture: Anthropological Approaches.* New York: Holt, Rinehart and Winston, 1963.

原的有关研究。这些研究对反思 20 世纪六七十年代美国出现的少数群体（minority）的学业失败问题曾经产生重要影响。从事有关文化与数学教学研究、担任过英国数学协会主席的毕肖普（A. J. Bishop），曾对大量的相关研究进行了分析，并着重阐述了佩里人们在数学方面的认知活动，认为这种认知活动服务于佩里文化的发展；这个地区的人们和其他地方的人们一样，也具有几何或度量方面的知识与能力，只是这种知识和能力与学校课堂中所教的知识和能力是不一样的；与西方学校教育的课堂中专门性的、程序化的数学认知活动相比，他们的数学认知活动是在日常生活中自然发生的；与西方学校教育中的抽象的和理论性的数学知识相比，佩里孩子学习的数学知识是具体的和实践性的。佩里的孩子在做西方社会中用于测试数学能力的试卷时，成绩通常是很差的，不过他们却具有西方社会环境下成长起来的学生所不具有的其他方面的数学能力。例如，估算大米的能力就是佩里地区的孩子一般都具有的一种非常强的能力。佩里的孩子一般在只看一下一堆大米的情况下，就能精确地说出这堆大米能装多少杯。佩里的孩子具有这种能力的主要原因是大米是佩里非常重要的一种粮食，在市场上能够精确地估计出所卖或所买的大米的数量是人们必须掌握的一项非常重要的技能。对于西方普遍使用的数学测量或计算工具而言，佩里人在需要的时候才发明或使用，而他们没有西方社会的一些测量工具，是因为佩里人在生活中还不需要它们。

上述有关本土教育的研究成果，尽管分别侧重于不同方面，如有的关注同辈群体对人成长的影响，有的侧重于本土学校教育的分析，有的侧重于本土教育与社会发展之间关系的分析，等等。但是，以上研究主要是从描述和解释的角度对本土教育进行研究。20 世纪 90 年代以来，关于本土教育的研究出现了新的取向，如批判和反思。例如，有研究认为，本土教育具有不同于主流教育的有效性（validity），具有两个方面的独特特征，一是与文化、语言、一定区域范围的人、富有见识的老人等方面内在地联系在一起；二是知识的形式是各种风俗和实践活动等。①

① J. Lambe, "Indigenous Education, Mainstream Education, and Native Studies," in *American Indian Quarterly*, Vol. 27, 2003, 1/2.

另外，特别值得一提的是，《比较教育》（*Comparative Education*）和《人类学与教育季刊》（*Anthropology and Education Quarterly*）这两本杂志分别出版了关于本土教育研究的专刊。前者以本土教育发展中受到的阻碍及其进一步发展的可能性为主题，具体内容如探讨外界力量建立的学校教育已经严重导致本土人民丧失了对本土社会的认同和控制；① 分析了把由外界力量控制的学校教育纳入本土教育中所面临的认识论困境，② 等等。后者以本土认识论与教育为主题，具体内容如本土教育的发展以本土认识论为基础的必要性、③ 本土教育对本土人们发展的必不可少的作用，④ 等等。

在我国，从人类学的视野对于本土教育开展的研究并不多见。在20世纪，除了前文提及的林耀华、费孝通、杨懋春等人类学前辈在研究中涉及本土教育之外，很少有专门关于本土教育的探讨。吴燕和先生的《华人儿童社会化》似乎是关于本土教育的研究，但是其中大量的内容是关于上海等城市学校或幼儿园中的儿童教育问题，与“本土教育”相距较远。⑤不过，最近几年，有越来越多的学者开展了相关的研究。例如，吴晓蓉的《仪式中的教育》、李珊泽的《生育文化的田野调查与教育内涵分析》、姚秀颖的《经堂与学校——呼和浩特回族的教育策略选择》等。这些研究对拓宽本土教育研究的领域无疑具有重要作用。但是，与前述国外的有关研究相比，关于我国本土教育方面的研究仍然是比较缺乏的；并且，近几年研究关注的多是少数民族，很少有关于汉族本土教育的研究。

另外，需要注意的是，台湾学术界的“原住民教育”研究与“本土

---

① Stephen May, Sheila Aikman, “Indigenous Education: Addressing Current Issues and Developments,” in *Comparative Education*. Vol. 39, 2003, No. 2.

② Padma M. Sarangapani, “Indigenising Curriculum: Questions Posed by Baiga Vidya,” in *Comparative Education*, Vol. 39, 2003, No. 2.

③ Linda Tuhiwai Smith. “Building a Research Agenda for Indigenous Epistemologies and Education,” *in Anthropology and Education Quarterly*, Vol. 36, 2005, No. 1.

④ S. Masturah Ismail; Courtney B. Cazden, “Struggles for Indigenous Education and Selfdetermination: Culture, Context, and Collaboration,” in *Anthropology and Education Quarterly*, Vol. 36, 2005, No. 1.

⑤ 参见吴燕和主编：《华人儿童社会化》，上海科学技术文献出版社1995年版。

教育”“看起来”很相似，但是，其主要内容是关于政府如何在原住民地区建立和发展学校教育的内容，缺乏以原住民为主体的论述，尤其在民族文化传承与教育有关内容方面，未作任何讨论。① 另有一些“看起来”是使用人类学方法开展的本土教育研究成果其实并不是，例如廖泰初先生的《动变中的中国农村教育》，其探讨的是山东汶上县农村的学校教育。②

总体来说，与20世纪90年代之前的研究相比，最近人类学领域关于本土教育的研究正在不断地深化和拓展，体现在：①将本土教育与学校教育联系起来进行分析；②在全球化时代，本土教育对本土社会发展和整个人类社会发展的作用；③在研究方法上，借鉴后现代主义、批判理论等成果，趋向于探讨本土教育与本土人们的政治权力之间的关系。但是，有关本土教育的研究中也出现一些不足之处，表现在：①对本土教育作为人类社会的一种独立形态教育的价值认识不够，似乎认为只有将之纳入到学校教育之中才能发挥其作为“教育”的作用。例如，在胡森（T. Husén）主编的《教育大百科全书》中的“教育改革：本土知识的影响”这一词条中，即着眼于作为学校教育的“教育”，分析如何将本土知识纳入其中；③ ②缺乏以“本土教育”本身为主题进行研究，缺乏对本土教育较为完整和全面的认识；③缺乏对我国汉族本土教育的研究。

二、人类学视野中的本土教育概念

在上述多项关于本土教育的研究中，关于本土教育的概念分析并不多见，即使是一些以“本土教育”为主题或标题的文章或著作中也很少

---

① 参见谭光鼎：《台湾原住民教育改革的检讨与展望》，载《民族教育研究》2000年第1期。

② 参见廖泰初：《动变中的中国农村教育》，燕京大学出版社1936年版。

③ “Educational Reform: Impact of Indigenous Knowledge,” in Torsten Husén, T. Neville Postlethwaite (eds.), *International Encyclopedia of Education*, Kidlington: Elsevier Science Ltd, 1994.

对之给予概念。[1] 那么如何来理解“本土教育”呢?

“本土教育”这一概念分为两个部分,一是“本土”,一是“教育”。对于后者,前文已经分析过。对于前者,从词源的角度来看,汉语中的“本土”具有两层意思,一是指殖民地;二是指乡土,指原来的生长地的意思;[2] 英语中与“本土”对应的词是 indigenous,其意思为 belonging naturally (to a place),具有 native 的意味。[3] 人类学界对 indigenous 的理解与词源学的解释具有一致的方面。早在 20 世纪初期,英国人类学大师弗思(R. Firth)就指出,“本土”或“土著”是指当地出生的,意思是指他们具有当地知识并与当地其他人共有一种独特形式的文化。在某些情况下,该词与“传统的”一词同义。人类学者在很长一段时间里就是从这个意义上来使用这个词的。[4] 另有学者指出,尽管人类学界将曾经称为的“本土人”(indigenous people)也称为“原始人”(the primitive)或“部落成员”(tribe population),但是,后两个词具有价值取向。由于“政治正确性”的原因,人类学界越来越倾向于使用“本土人”(indigenous people),以表示所研究的对象是居住于某一地方的人。[5]

对“本土”的这种理解也反映在以人类学领域的研究成果为基础撰写的一些报告或发布的有关政策文件中。例如,国际劳工组织(ILO)在其文件中指出,当一些人被认为是本土人时,是指他们的祖先世代居住在一个地方。[6]

---

① 即使是 *International Encyclopedia of Education* 中也没有给“本土教育”下定义。

② 参见《汉语大词典》编辑委员会:《汉语大词典(全新版)》,北京:商务印书馆国际有限公司 2003 年版,第 49 页。

③ A. S. Hornby, A. P. Cowie. *Oxford. Advanced Learner's Dictionary of Current English*. Oxford: Oxford University Press, 1989, P. 460.

④ 参见[英]雷蒙德·弗思:《人文类型》,华夏出版社 2002 年版,“序言”。

⑤ Andre Beteille, “The Idea of Indigenous People,” in *Current Anthropology*, Vol. 39, 1998, No. 2.

⑥ http: //www. ilo. org/public/english/region/ampro/mdtsanjose/indigenous/intro169. htm

由此可见，本土的核心是“内在”①。因而，可以将本土教育理解为基于某一社会的生活与生产而产生和发展的教育。所谓基于生活生产而产生和发展的，是指它不是“外来”的而是“内在”的。例如，在我国的一些地方，当孩子做错事时，大人通过“打”的方式进行教育，这是世世代代传承下来的天经地义的一种教育方式，这属于本土教育的范围。再如，本书中所涉及的村落中的“社火”，内在于人们的生活之中，它则属于“本土教育”范畴。但是，当人们通过电视辅助孩子学习外语时，由于它不是产生于人们日常生活之中，因而不属于本土教育的范围。

“不识庐山真面目，只缘身在此山中”，现在我们来走出“本土教育”这座山，将之与相关概念进行比较分析，以获得对其更为清晰的认识。

第一，“本土教育”与“社区教育”和“家庭教育”。本土教育与后面二者相同的地方在于，均有部分或全部发生在学校教育之外的空间中，涉及人类生活领域中的广泛内容。不同之处在于，家庭教育、社区教育是与“学校教育”相对应的概念，是从空间性质对教育的划分。而本土教育是从教育“发生”的角度而言的。本土教育的一些方面也是在家庭和社区中开展的，例如，在家庭中通过讲故事给青少年儿童进行的道德教育则属于本土教育的范围；但是家庭教育和社区教育并不都是本土教育，如在家庭中辅导青少年儿童进行有关学校教育的学习。

第二，“本土教育”与卢梭的“自然教育”。“本土教育”和“自然教育”均涉及人类生活中的广泛领域。二者之间的区别在于，“自然教育”强调教育的自然性，教育的目的是培养自然人，在方法上反对人为的教育。在卢梭看来，出自造物主之手的东西，都是好的，而一到了人的手里，就全变坏了。② 而“本土教育”强调教育与人类生活生产之间的关系，强调教育的社会性，教育的目的是培养一定社会所要求的人，人为的教育是其重要的组成部分。

第三，“本土教育”与“学校教育”。既有的一些研究表明，本土教

① 这一观点受项贤明教授的启发。

② 参见［法］卢梭：《爱弥儿》，北京：商务印书馆 1978 年版，第 5 页。

育与学校教育是对立的和冲突的。不过，对立与冲突只是本土教育与学校教育之间的一种关系。本土教育与学校教育之间也有相互融合或包含的关系。例如，前文所涉及的塞拉利昂门代的一种特殊教育组织——灌木丛学校（bush school）即是本土教育的一种形式。所以，本土教育与学校教育之间是什么样的关系，不能笼统地一概而论，在不同的社会存在着不同的情况，主要取决于学校教育是否是基于该社会的生活和生产而产生或发展的：如果是，那么两者在性质上则是同一的；如果不是，那么两者则可能产生冲突或矛盾。

第四，“本土教育”与“现代教育”。如前所述，“本土”一度被认为是“落后”、“野蛮”、“原始”的代名词。但是，前文也指出，人类学界越来越倾向于认为“本土人”是指居住于某一地方的人，本土教育是基于某一社会的生活和生产的一种教育。因而，即使在现代社会，也存在着“本土人”和“本土教育”。所以，从这个角度而言，本土教育不是与“现代”或“文明”社会中的教育相对立或彼此融合，二者之间的关系应该就具体情况来做具体分析。

第一章 村落中的本土教育研究

第一节　人类学教育研究的方法论传统

人类学研究的方法论是民族志。但是，关于民族志的界定不一。正如美国加州大学伯克利分校教育人类学的重要代表人物奥格布（J. U. Ogbu）所指出的，关于民族志的认识出现了一些混乱的情况。第一，作为教育研究中的一种新的时尚，民族志遭受被错误地使用、错误地理解和方法的不恰当运用的情况。具体来说，民族志被错误地与“自然主义的探究”或“质的研究”等同起来，各种研究之间没有被明确地加以区分。第二，民族志从人类学的领域中发展起来，这使它不同于“自然调查法”、“个案研究方法”、“现象学的方法”等。第三，作为一种研究方法论的民族志也必定不同于民族志研究中使用的具体的数据搜集技术。①

在当前的我国学术领域，也有将之与实性研究和实证研究混淆使用的情况。关于它们之间的区别，可以参考一些学者的分析。例如我国学者滕星教授则明确指出，关于教育的民族志研究与定性研究并非完全一

① J. U. Ogbu, “Ethnography of Education: Anthropological Approach,” in T. Husén, T. Neville Postlethwaite (eds.), *International Encyclopedia of Education*, Kidlington: Elsevier Science Ltd, 1994.

致，因为民族志研究方法的主要特性，与直线式定性研究有重大区别。[①]另有研究者区分了民族志研究与教育实证研究之间的区别。[②]

要了解教育民族志，需要了解其理论基础。教育民族志是以马凌诺斯基关于民族志的理论为指导的：（1）学习本土语言并用本土语言工作；（2）和本土人民居住在一起，尽可能地参加他们的活动；（3）通过实际的个人观察搜集大量的资料；（4）准备开展长期的田野工作和处理实践问题。奥格布也认为，现在这些原则仍然指导着人类学中的民族志研究。[③]

在马凌诺斯基提出民族志研究的上述四个原则之后，民族志的理论和实践不断得到发展。其中的重要方面是整体论的视角和主位的立场。这些方面构成了民族志的主要特征：主位的立场，即了解被研究者是怎样解释世界的；整体论的视角，即对某一问题的研究不能仅仅分析这一问题，还应分析这一问题产生、发展的背景。这一点要求在关于教育的研究中，不要孤立地关注教育问题，而应将之看作存在于一定的社会系统中、与该社会系统中的其他方面具有联系的一个部分，并且要将之与其他方面联系起来进行研究。

其中主位的视角是民族志研究最为重要的特征。有关主位思想的最早提出者是马凌诺斯基。马凌诺斯基在开展民族志的研究中提出要以"文化持有者的内部眼界（the native's point of view）"来进行研究。随后，解释人类学（interpretive anthropology）注重在解释被研究者意义的解释系统的观点进一步发展了关于民族志研究主位立场的观点。解释人类学在国内又称为阐释人类学，[④] 产生于20世纪60年代的文化人类学

---

① 参见滕星：《在田野中追寻教育的文化性格》，载《广西民族学院学报（哲学社会科学版）》2004年第2期。

② 涂元玲：《论关于教育实证研究的几个错误认识》，载《教育学报》2007年第6期。

③ J. U. Ogbu, "Ethnography of Education: Anthropological Approach," in T. Husén, T. Neville Postlethwaite (eds.), *International Encyclopedia of Education*, Kidlington: Elsevier Science Ltd, 1994.

④ 如王海龙和张家瑄先生所译的《地方性知识——阐释人类学论文集》一书中的译法。本书下文中根据原文所使用的，有时用解释人类学，有时用阐释人类学，但是均指同一意思。本人认为，这两种译法都可以，二者之间没有质的区别。因此，本书不对它们进行分析和评论。在引用文献时，采用所引用文献的译者所使用的译法。

领域。对解释人类学的形成作出重要贡献的解释人类学的代表人物格尔茨（C. Geertz）认为，在对文化的解释中，不可能重铸别人的精神世界或经历别人的经历，而只能通过别人在构筑其世界和阐释现实时所用的概念和符号去理解他们。① 马凌诺斯基的以“文化持有者的内部眼界”去描述阐释的见解，在格尔茨的阐释人类学中占有举足轻重的、一以贯之的指导意义的地位。②

关于解释人类学的重在解释文化持有者的语言和行为的特征，也可以从有关分析中得到一点启示，即社会科学研究可以从三个方面来探讨其理论基础：实证主义（positivism）、解释主义（interpretivism）和批判理论（critical theory）。③ 解释主义特别强调研究者深入到研究现场，在尽可能自然的环境下和被研究者一起生活工作，了解他们所关心的问题，倾听他们的心声；同时对自己所使用的方法进行深刻的反省，注意自己和被研究者的关系对研究的影响；然后在这一基础上对被研究者的意义解释系统进行阐释。④ 其重点不是进行验证假设和提出政策性建议与预测，而是对事物进行深入细致的调查研究，再现当事人的视角，以描述和解释为主。

为了实现这样的目的，解释人类学在方法上强调深度描写（thick description），即深入、细致地阐释一定文化背景下文化持有者语言与行为背后的意义。这是解释人类学的最为重要的一种方法。解释人类学的深度描写方法来源于赖尔（G. Ryle）的有关理论。例如，以男孩子抽搐眼皮为例：可以把男孩子眼皮抽搐这一行为描写成“眼皮迅速抽动”，但是这是一种“浅描”（thin description）；还可以将男孩子的眼皮抽搐描写为下列状况：病症抽搐、递眼色捣鬼、假装递眼色、模拟别人递眼

---

①② 参见王海龙、张家瑄：《对阐释人类学的阐释》，载格尔茨：《地方性知识》，中央编译出版社 2004 年版，“导读一”。

③ Eric Bredo & Walter Feinberg（eds.）*Knowledge & Values in Social & Educational Research*, Philadelphia: Temple University Press, USA, 1982. 转引自陈向明：《旅居者与“外国人”——留美中国学生跨文化人际交往研究》，教育科学出版社 2004 年版，第 32～33 页。

④ 参见陈向明：《旅居者与“外国人”——留美中国学生跨文化人际交往研究》，教育科学出版社 2004 年版，第 33 页。

色、操练模拟别人递眼色等，这些描写则将眼皮抽动的意义尽可能地还原，这就是“深度描写”。这一方法的优势在于其独特的视角和细致入微的分析。但是，对于阐释人类学而言，“描写”并不是目的，目的则是“阐释”眼皮抽搐这一行为背后的意义。

需要提及的是，主位视角要求研究者在研究中不要对研究对象预设一定的看法；但是，这并不表明，在开展田野研究之前，研究者不要了解和掌握任何理论。相反，研究者头脑中必有一个理论背景，否则在田野中可能是“鲁莽”或“迷茫”的。

良好的理论训练以及对其最新成果的熟悉，与“先入为主的成见”不同。假如一个人出去考察，决定要证实某种假设，若是他不能在证据的压力下经常改变自己的观点并弃之如敝屣，不用说，他的工作将毫无价值。但是，他带到田野的问题越多，根据事实铸造理论和运用理论看待事实的习惯越强，他的装备就越精良。先入之见在任何学科中都是有害的，但预拟问题却是科学思考者的主要禀赋。①

第二节　村落的选择

一、选择“村落”

运用人类学民族志方法论进行研究的一个重要方面是选择一个地方进行研究，这个地方在人类学中有一个专门的名称“田野（field）”，去田野开展的研究又可称为田野调查或田野研究。本书选择了陕西省某一村落作为本书研究的田野。② 之所以选择一个村落进行田野调查的空间范围，是基于以下关于“村落”的几个方面分析：

第一，村落是中国农村最小的社区单位，适宜于田野调查研究。由于民族志方法论要求研究人员在某一地区长期居住，通过参与观察和深

① 参见［英］马凌诺斯基：《西太平洋的航海者》，华夏出版社 2002 年版，第 6 页。

② 有关该村的具体情况请参见后文的“山涧村的概况”。

度访谈的方法深入了解有关情况，因而不适宜选择较大区域进行田野调查。正如费孝通先生所指出的，为了对人们的生活进行深入细致的研究，研究人员有必要把自己的调查限定在一个小的社会单位内来进行；这是出于实际的考虑。调查者必须容易接近被调查者，以便能够亲自进行密切的观察。①

而村落是我国农村社会最小的社会单位。村庄是一个社区，其特征是，农户聚集在一个紧凑的居住区内，与其他相似的单位隔开相当一段距离，它是一个由各种形式的社会活动组成的群体，具有其特定的名称，而且是一个为人们所公认的事实上的社会单位。②布朗（A. R. R. Brown）也指出，在中国开展田野调查研究，村落是比较理想的单位，因为它是足够小的社区，可提供给一两个研究人员在一二年内完成一项精密研究的机会。③ 因而，本人将田野调查的范围限定为一个村落。

第二，在对我国开展的人类学研究中，村落作为田野研究的范围的频率是最多的，如费孝通先生的“江村”研究，林耀华先生在福建“义序村”的研究，弗里德曼在河北饶阳农村的研究，等等。④ 因此，选择村落作为田野调查的范围，还可以充分地借鉴他人的研究经验，这为本研究具有可行性提供了重要的基础。

第三，进行“村落”研究所具有的独特意义。在当前，我国国家权力不断渗透，在一个村落中可以感受到整个国家的权力运作。因而，通过一个小村落可以反映整个社会的一些状况。⑤

第四，本人成长于农村，在农村生活了近 18 年，对农村的文化习

---

①② 参见费孝通：《江村经济》，北京：商务印书馆 2001 年版，第 24、25 页。

③ 参见［英］拉德克利夫·布朗：《社会人类学方法》，华夏出版社 2002 年版，第 182 页。

④ 有关人类学领域对我国村落研究的成果，可参见李善峰的《20 世纪的中国村落研究》（载《民俗研究》2004 年第 3 期）和王铭铭与刘铁梁的《村落研究二人谈》（载《民俗研究》2003 年第 1 期）；庄孔韶的《中国乡村人类学的研究进程》（载《广西民族学院学报》2004 年第 1 期）、孙庆忠的《海外人类学的乡土中国研究》（载《社会科学》2005 年第 9 期）等文献。

⑤ 参见王铭铭：《小地方与大社会——中国社会的社区观察》，载《社会学研究》1997 年第 1 期。

俗、生活状况等方面有深入的了解。①

上述几个方面阐述了我为什么要选择村落作为田野调查的范围的原因。但是，中国的村落很多，而我为什么选择陕西淳化县 Y 镇山涧村②作为田野研究的地点呢？

第一，在正式开展调查之前，本人在该村所在的县和镇开展过一段时间有关教育方面的调研工作，到教育行政部门、学校和村庄中进行了调查，因而对当地的有关情况有一定的了解，并且为本项研究的开展与有关部门建立了较好的关系。

第二，在开展本研究之前的有关研究中，本人发现自己基本能够听懂当地的方言，能够单独与当地的村民进行交流。

第三，在本人进入该村进行田野调查之前，从该村所在镇和县的有关人员的交流中了解了关于该村的大量信息，使本人在调查之前对该村所在的淳化县和该村已经有充分的了解。发现该村所在的淳化县具有悠久的历史和深厚的文化传统，而且一些传统风俗习惯依然保存着，是研究“本土教育”的理想地点。同时，与周边其他村相比，该村的经济水平高，电视等方面的引入比其他村早，目前家庭拥有电视的比率比其他村高；而且该村得到了某一国际组织 P 和某一国内 NGO W 及 N 的资助。因而在该村的“教育”方面，既有国家政策方面的影响，也有国际和国内组织的影响。所以，选择该村作为研究个案，在分析该村人们的本土教育之外，还可以分析其受到的不同方面的影响，以从动态的角度加深对本土教育的认识。

当然，我不是这个村落中的人，尽管我基本上能够听懂当地的方言，已经在该村所在县和镇开展过一段时间的调查，但是在语言和文化方面，远远没有像了解自己家乡的村落那样有充分的了解，对于村庄里的事件和人物也只是了解一部分而已。我也意识到这一点，因而，在开

① 我所度过的 18 年农村生活是在我的家乡，位于安徽省中部的一个村落。而本人所选择的村落是位于陕西的一个村落。由于地域不同，在某些方面可能会有巨大差距。但是，中国农村也具有许多共性。同时，本人已经在“北方”生活了五年多，对北方的风土人情、生活习惯等方面也有一定的了解，这对于本人了解作为个案的村落具有重要的帮助。

② 此村名为化名。

展田野调查之前，我通过多种方式来弥补自己在这方面的不足。例如，在决定去该村开展田野调查之后，我又将曾经阅读过的描写其地区与该村在语言、生活生产、习俗和经济发展水平等方面具有很多相同或相似之处的文学作品找出来阅读，其中有《白鹿原》、《秦腔》、《平凡的世界》、《创业史》等，并查找了有关这些作品的评论，以帮助我对这些作品的理解；反复观看了具有陕西地方特色的《秋菊打官司》、陕西卫视《百家碎戏》等电影、电视；登录 BBS 上有关陕西人的版块，先“潜水”观看，一段时间后发帖子参与有关话题的讨论或咨询有关问题。并且，我于 2006 年 2 月份参加了这个版块的版聚，有意结识了一些陕西人，其中有家在我选的田野地点附近的。

不过，作为一名非“本地人”，尽管我不能够如同当地人一样熟悉当地的语言和文化，但是我却可以避免作为当地人来调查而出现的下列问题：第一，由于司空见惯而忽略一些重要的地方文化现象；第二，在对资料进行分析时，受常识的限制，而不能作出更为深入和富有新意的探讨；第三，避免田野调查中因熟人关系而产生的一些顾虑和不便之处。

二、山涧村村落概况

本书的研究选取“山涧村”作为田野研究的地点。那么，山涧村究竟是什么样子？该村位于陕西省淳化县。在介绍该村有关情况之前，先来看看其所在的淳化县的有关情况。

1. 山涧村所在的淳化县①

淳化县具有悠久的历史。远在六七千年以前的新石器时代，就有人类在此栖居生息，狩猎垦殖。氏族时期，该县为云阳氏部落聚集之地。周、秦、汉、唐等朝代，该县是京畿辖区和“三辅名邑”。秦孝公时始设云阳县，为中国历史上最早置县之一。北宋太宗淳化四年（993 年）在梨园镇立县，以其年号赐名为淳化县。

关于为何用宋太宗年号“淳化”作为该县的县名，在该县至今还流

① 本节有关内容参考了《淳化县志》（三秦出版社 2001 年版）和《可爱的淳化》（陕西人民出版社 1995 年版）两份资料。

传着一个生动的故事：

宋太宗赵光义在登基不久，为建设更为强大的政权，在对外征战失利的情况下，转为内治，大力倡导建设民风，以正民风为宗旨在全国范围内推行道德教育。他说：“质朴敦厚，乃国人之德。浇天下之淳，析天下之朴。”因此全国上下响应，两年后也有所成效，全国风气有明显好转。为了察看实情，宋太宗便开始微服私访。在淳化四年（993年）时，他装扮成一个乞丐，来到有高山深沟的云阳县内。他逢人就要饭吃，见人就讨水喝。所到之处，没有遭到拒绝，碰到的男女老幼没有嫌弃他的。宋太宗为有这样的民风心里不禁感到高兴。

为了更为深入地了解当地的风气，第二天，他故意把自己弄得蓬首垢面而出去乞讨。他随机来到一户人家，到门口边就说：“我快要饿死了，快给我一点饭吃！”走出门来的一位年轻的妇女，听到他叫喊，就赶快搬来一个椅子让他坐下，接着又赶快端来两个馍和一碗水给他。他接到手中看了看说：“这样的饮食，又冷又硬，怎么能够下咽呢？你是不是想害我老汉？”听他如此说，女主人先是一愣，接着只见她飞快地转身进了屋。不到一袋烟工夫，竟端出一碗冒着热气的汤面条来，上面漂着油泼葱花，一看便觉得味香可口。谁料这位“老汉”接过来后，闻了闻竟大声叫道：“醋太酸了！”接着用筷子蘸了一下尝了尝说：“太淡了！”这位女主人面无难色，接过碗重新烹调，让他再尝。

他这样一而再再而三地挑剔为难，一时竟引来村中的人围观。大家虽有看法，但是无一人出面指责，更没有半句不逊之言。这时，有位长者说道：“当今圣上，以德淳化天下，你虽讨饭之人，理应更当淳化。”太宗表面不动声色，心中不觉大喜，便点头称是，起身离去了。

回到朝中，太宗对国人如此憨厚朴实大加称赞，竟引杜甫诗句高歌道：“喜风淳朴俗，坦然心神舒。”便于梨园镇立县，赐名淳化。推淳化之风光大，让天下人学习。①

这个关于县名的故事表明：一是该县历史悠久，积累了深厚的传统；二是当地民风淳厚，人们为人朴实。

自从这个故事流传以来，该县一直沿用此县名至今。数千年来，其政区沿革变迁较大。至 1911 年中华民国建立时，淳化县属邠州。1935 年，工农红军解放了淳化县北部，实行革命根据地行政区划。划其西线区为赤水县，东线区为淳耀县，南部为国民党统治区。赤水、淳耀二县作为红色根据地的组成部分，初归关中特区；1937 年属陕甘宁边区；1940 年隶关中分区。因而，可以说淳化县属于革命老区县。

新中国成立后，实行新的行政区划。1984 年 10 月，咸阳地区撤销，设咸阳市，淳化县属咸阳市辖县之一。2006 年 9 月，咸阳与西安合并，原咸阳地区撤销，淳化县被划入铜川地区。

如上所介绍的是淳化县的历史，下面从地理位置和交通状况来介绍该县。陕西省一般被划分为陕南、关中和陕北三大区域，淳化县位于关中地区。它是一个典型的山区农业县，南接北仲和嵯峨二山，北邻子午岭的末梢甘泉山（今黄花山），东靠爷台山，西邻金池水。全县总面积 984 平方千米，耕地面积 54 万亩，辖 5 镇 10 乡 204 个行政村，总人口 20.17 万，其中农业人口 18.4 万。境内地势北高南低，海拔 630～1808.9 米，地貌可概括为“一丘一山三沟五塬②”。生态环境优越，林草资源丰富，先后被评为“陕西省绿化模范县”和“全国绿化模范县”。农业处于县域经济的主导地位，果业、畜牧业、蔬菜、粮油及生态旅游等绿色产业蓬勃发展，其中苹果产业发展的规模最大。

在交通方面，1960 年修建的 211 国道穿境而过，目前淳（化）礼（泉）路、淳（化）耀（州）路、淳（化）三（原）路已经贯通。

2. 山涧村的概况

首先，看看该村的地理位置。有关该村的地理位置和交通状况的介绍有助于理解后文分析的该村人们接触“外面世界”的情况和“外面世

---

① 《可爱的淳化》编委会编：《可爱的淳化》，陕西人民出版社 1995 年版，第 35～36 页。

② “塬”是黄土高原上的一种特殊的地貌，是因长期的水土流失而形成的，其特征是四边陡、顶上平坦。

界”对该村产生影响的情况。

山涧村位于Y镇北部，距离Y镇2千米；距离村北边的BJ乡3.5千米。连接两个乡镇的BY柏油公路穿过该村。这条公路是1979年修建的。

经过BY公路到该镇即可到达211国道边，沿着211国道向东南方向下塬10千米到县城；经由县城46千米到达泾阳县，76千米到达咸阳市，100千米到达陕西省省会西安。沿着211国道向西75千米到达与淳化县相邻的旬邑县城。

从村里到镇上，村民们主要是骑自行车，少数人也骑摩托车。运载货物时则乘坐经过BY公路的三轮摩托车，需要2元。这种车招手即停，但是到该村的时间很不固定，有时等了半个小时还没有。因而，有时在没有自行车和摩托车的情况下，村民们干脆就步行到镇上，大约需要二三十分钟。不过，如果到BJ镇的话，因路途较远，一般村民们骑自行车或骑摩托车，或者在BY公路边等三轮摩托车，需要2元。偶尔，从县城来到Y镇的一些村落或BJ乡的出租车或汽车经过BY公路时，招手即停，到Y镇和BJ乡的费用均为2元。到县城的话，可以先到Y镇，然后转坐汽车，车费是2元；也可到村子的BY公路边拦到县城的出租车或汽车，费用是4元；或者骑摩托车，快的话二十来分钟即到。到泾阳、咸阳和西安，最为便捷的方式是早晨六点半在村子的BY公路边等由BJ乡去西安的汽车，可以选择到泾阳、咸阳和西安下车，到这三个地方的路费分别是10元、15元和20元；或者到Y镇，坐211国道上的汽车，例如从淳化县其他乡镇和旬邑县开来的到上述地方的汽车。这种车子行人见到了招手即停，从早到晚均有，但是具体的时间不固定；或者坐车到县城，然后坐汽车，这种车子从早到晚都有。但是具体时间也不固定，一般车主见人满即发车。

从其他地方到山涧村的话，交通工具与从山涧到其他地方是一样的，只是方向刚好相反。最为便捷的是乘坐下午1点钟从西安开往BJ乡的汽车。

其次，看看该村的历史沿革。山涧村以前是现村东边的SH村的一部分，清朝时期从SH村分离出来。具体的分离时间不清楚，但是从乾隆四十九年（1784 年）所编的《淳化县志》即记有该村，① 因而，可见该村存在的时间至少有 223 年。由于这个村靠近原 SH 村西边的大沟，故称为山涧村。1936 年建立陕甘宁边区时，被划入红区。当时红区和白区分界线是 Y 镇，所以，山涧村距离白区仅仅 2 千米。

新中国成立前，山涧村人遵循着“日出而作，日落而息”的劳作方式，过着男耕女织、男主外女主内的生活。20 世纪 50 年代始，随着妇女解放的提倡和合作化运动的开展，在“多劳多得，少劳少得”的经济体制下，“挣工分”是人们吃饭穿衣的来源，女性逐渐地也参加生产劳动，不再是只做家务活和针线活。

20 世纪 70 年代末和 80 年代初，在改革开放的背景下，山涧村也逐渐“开放”，而且产业结构有了变化，村里建起了砖瓦厂，一些人外出打工，使人们的生活产生了很大的变化。

最后，介绍一下该村的人口、农业生产、学校教育等状况。截至 2006 年 4 月 21 日的统计，全村 946 人，243 户②，全部人口均为汉族。其中，劳动力 552 人（男 270 人，女 282 人）。常年外出打工人数约 45 人，主要去广州、北京、江浙、咸阳和西安等地。村里 90% 是王姓，除了何姓是搬过来、祈姓一家是母亲带过来的、汪姓和张姓几家是 20 世纪 60 年代逃荒过来的之外，其他姓氏均是女婿上门的。

全村以学校为边界划分为两个生产队，南边的为二队，北边的为一队。作物种植以小麦、玉米为主，常年种植面积为 532 亩，平均单产为 200 克；种植果树 1310 亩，亩产 1500 公斤。村民的主要收入来源是果园。果园每亩投入为 300 元，其中化肥 200 元，农药 50 元，其他方面 50 元。村里有学校一所，现校址在村子中部。现校舍建于 1995 年。全村范围内无地表水，离村子最近的地表水源是村西边的沟水。村民饮用水是自来水，水费是 2 元钱一吨。一般来说，四口之家的家庭每月每户付水费在 4 元左右。

---

① 洪吉亮编：《淳化县志》，淳化县署，1784，“土地记”。

② 这里的一户是以是否“另安灶”，即是否分开吃饭为标准来划分的。在一个“灶”上吃饭的人属于一户。他们的地不分开，彼此经济不独立；不在一个“灶”上吃饭，即另起火的话即分为另一户，地也分开，经济彼此独立。公安局的户口登记也是以此为标准的。

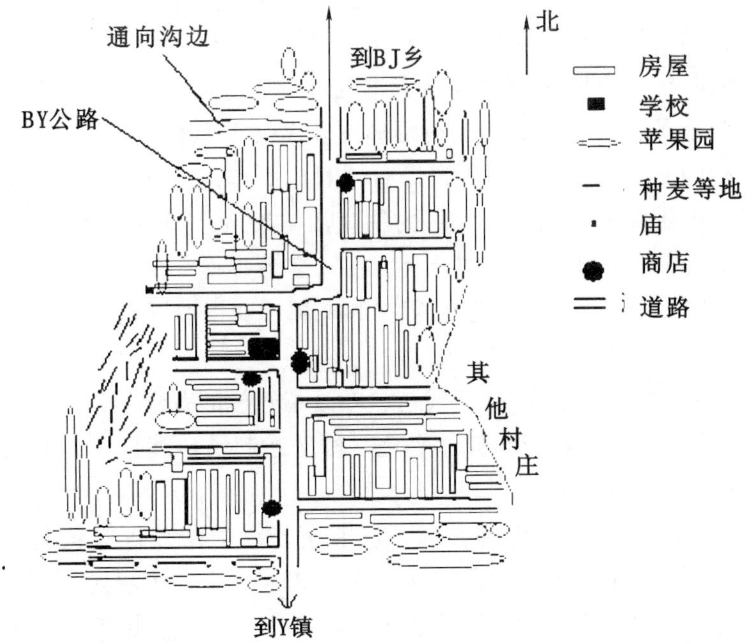

山涧村村落布局图

村里有小卖部 4 个，其位置请见村落布局图。村民常去的集镇是 Y 镇，逢农历的三、六、九赶集，即每月的初三、初六、初九、十三、十六、十九、二十三、二十六、二十九赶集。

村民的活动范围是：除了外出打工和上学的以外，其他村民出村子主要是去 Y 镇赶集和走亲戚。日常的生活用品和生产用品在村里的小卖部和 Y 镇上能够买到。去县城的话主要是妇女和姑娘们去买衣服、做头发、看在县城上学的孩子和看病等。去咸阳和西安的话则主要是去看病。除了打工和上学的人之外，村里约有 50% 的人没有出过县城。一般亲戚是在同一塬和西边沟对面的塬上。

2002 年，村干部在西安附近一村庄“农家乐”参观后，也回来在村里开办了“农家乐”，并在《华商都市报》等上面刊登广告。当时有 12 户村民参与。到我进行田野调查时的 2006 年，由于一些方面的原因有 7 户停止营业。偶尔有咸阳和西安的游客来村里参观。

2005 年村庄受到一国际组织 P 的资助，资助内容主要是建沼气、进行果园管理、修路、援助学校教育。2006 年 7 月，NGO W 志愿者到山涧村开展暑期支教活动，NGO N 的工作人员义务到山涧村组织妇女开展有关活动。

在山涧村，几乎每户家庭均有电视。如果接通有线电视的话，每个月缴 10 元钱，可以收到包括凤凰卫视在内的全国范围的电视台节目共四五十个频道；不接通有线电视的话，则只可以收到中央台一套、陕西台一套和淳化电视台等。村里约有 10% 的人家接了有线电视。Y 镇上有两家网吧可以上网，每小时 1.5 元。在我结束田野调查之时，村中尚未有村民家买电脑。但是，在我田野调查两个月后，通过电话得到前述的国际组织 P 给该村的村小学校捐赠了 7 台电脑，用于连接网络，以充分享用外部的资源。

第三节　村落中的本土教育研究方法

一、参与观察

奥格布（J. U. Ogbu）认为，一部优秀的教育民族志需要通过人类学家采用参与观察法来完成。他借用白瑞曼（G. D. Berreman）的观点，认为参与观察法是指：

> 与被研究者共同生活，通过日常生活中的密切交往来逐渐地了解他们和他们的语言以及他们的生活方式。这就意味着民族志研究者要与被研究者交谈，与他们一起劳作，参加他们的社会活动和仪式，走访他们的家庭。简而言之，要尽可能地在不同的场合与他们接触，了解他们……他应时刻关注发生在身旁的一切事情，尽可能地去了解那些没有预料的或看上去没有办法解释的事件或事情……①

在采用人类学民族志作为方法论的田野研究中，参与观察具有重要

① J. U. Ogbu, "School Ethnography: a Multilevel Approach," in *Anthropology and Education Quarterly*, Vol. 12, No. 1, 1981.

的意义。正如列维·斯特劳斯（C. LeviStrauss）所说，一个情境的真相并不能在日常的观察中看到，而是要在一种有耐心的、一步一步慢慢来的蒸馏过程中去寻找……探险应该不是单纯地走过很多表面上的距离，而应该是一种深入的研究：一件一闪即逝的小插曲，一片风景的片面，或是一句偶然旁听到的话，可能就是了解或解释整个区域的唯一关键所在，如果缺少那个关键，整个区域可能就一直不具任何意义。①

参与观察在研究中具有重要的作用。笔者在田野调查中，自始至终地运用了这一方法，运用于一些聚会、生产活动、节日庆典、仪式等活动中，具体来说，如做饭、做鞋垫、给苹果疏花和疏果、掰玉米棒子等；参加婚礼、婴儿满月和过周岁活动及村民们的庙会烧香活动等；参加赶集、村民大会、儿童游戏活动，等等。以了解山涧村人们体现在日常生活中与青少年儿童教育相关的方面。之所以重要，一方面是通过参与观察本人获得了自然情境下的大量信息；另一方面是通过参与观察山涧村村民的一些活动，可以使我切身体验人们的生产和生活，从而恰当地理解一些现象。例如，正是通过参与观察，才发现并理解了本书中所提及的有关礼节方面的情况；还有一个原因是有些问题是无法通过问来找到答案的，这种情况下只有找机会通过参与观察的方式了解。正如林顿（R. Linton）在给杨懋春先生的《一个中国村庄：山东台头》写的“序言”中所说的：

> “社会成员的大多数态度是在无意识层面上运作的，无法通过直接提问的方式来获得。……他们无法告诉调查者许多事情，只因为他们从来就没有想过这些问题。调查者不得不自己去发现。”②

在田野调查中，我也多次碰到了林顿所说的类似情况。例如，在与村民们的交流中，他们对我提出的“为什么”问题的回答是“这个我就不知道了”、“祖上传下来的就这样”、“就是这样的”、“不晓得”、“没想过”等诸如此类。在这些情况下，如果我再刨根究底地问下去的话，反而会强化我在后文将要提到的其他身份。所以，在有些情况下，我尽

---

① 参见［法］列维·斯特劳斯：《忧郁的热带》，北京：生活·读书·新知三联书店2000年版，第44页。

② 杨懋春：《一个中国村庄：山东台头》，江苏人民出版社2001年版，“序言”。

可能不“问”，而是采取参与观察的方法。

当我“参与观察”一些活动时，村民们一开始以为我只是出于好奇而参加的，经常善意地提醒我说“小心弄脏了你的衣服”、“别弄脏了手”、“屋外热啊，你别出去了”等之类的话。我就明确地告诉他们，我是真正的想体验当地人们的生活，我来他们村庄的目的就是尽可能参加村民们的各种活动，因而如果不打扰他们的话，就请让我参加。一般情况下，村民们都能答应我的请求。

在每次参与观察结束后，我都尽快通过各种方式将所获得的信息记录下来。

二、深度访谈

在人文社会科学研究中，访谈法也可以从多个角度进行分类。根据研究中研究问题的结构，可以把访谈分为无结构型访谈法、半结构型访谈法、结构型访谈法。根据民族志的有关理论和他人的有关研究经验，我认为，如果进行深度访谈，一般适宜采用前两种方法。我在研究中使用的也是前两种方法。

无结构型访谈是指访谈没有固定的访谈问题，访谈者可以让受访者用自己的语言表达自己的观点，其目的是为了了解受访者自己认为重要的问题、他们对这些问题的看法、他们对有关问题的意义的解释。本书中运用这种访谈法的目的是了解山涧村的人们自己对与教育相关问题的理解，尤其是了解有些现象为什么出现，他们对这些问题是如何思考的；而尽量避免本人理解的或本人根据有关文献所了解的情况束缚住受访者的思维。

半结构型访谈是研究者在一定程度上事先确定访谈的结构，准备一个没有完全固定的，而是可以根据访谈进行情况随时作出调整的访谈提纲。访谈中，受访者可以积极参与。在本书中，这种访谈主要运用于深入某些情况，例如，有关礼节的认同功能中的一些内容。

但是，无论运用哪一种访谈法，我均是“非正式”地使用的。之所以不用“正式”的方式，是因为在本研究中，很多情况下正式访谈不合适使用，其原因是：第一，在一般的人际交往中，不太适合用语言直接问一些问题，如家庭经济状况方面的内容；第二，在年龄方面，与一些访谈对象相比，我的年龄较小，根据一般的人际交往风俗，我不太适合反复地或一而再再而三地向一些年龄比我大的人问些问题；第三，作为一名女性，在一般的情况下，应该是矜持的，所以如果问得太多，会引起别人过多的注意，得不到正常的自然状况下的信息；第四，我是一名从“北京”来的博士生或“项目办”的人员①，因而在社会地位方面，当地人感觉我是比他们“高”的②，所以是“上级”，这导致为了“不惹麻烦”，有时他们就不说出真实情况。尤其是当我拿出本子“正儿八经”地记录时，我就从语气、表情和说话的内容方面发现一些村民不是在说真话。因此，我尽量不用正式访谈，不用笔进行记录或录音笔录音，而采用聊天式的非正式访谈以获得自然情境下的真实情况。

三、其他方法

除了上述两种主要方法之外，本书还辅助使用了其他方法，例如在了解儿童有关故事、歌谣、游戏等方面的习得情况时使用了开放式问卷法，具体问题如“你听过什么故事，从哪里听的”、“你会唱什么歌曲？从哪里学的”、“喜欢什么故事和歌曲？为什么”等等。

另外，本研究还使用了文献法和实物分析法等，例如已经消失的一些儿童游戏、节日活动等情况，则是通过参考相关文献和查阅村民家里的老照片等方式获得的。

---

① 后文将专门介绍我为什么有这一“身份”。

② 在田野调查之前和之中，我一直没有意识到自己的“社会地位”状况，因而也从来没有意识到我的“社会地位”比他们高。而是在田野调查中，有当地人提出我的“社会地位”是很“高”的，我才发觉我的这种“社会地位”对我的研究具有阻碍作用。

第四节　几点说明

一、研究的伦理

在田野调查中，我参与的所有活动是在不麻烦和征得村民们同意的情况下开展的。书中所涉及的具体人名、地名和有关名称等均采用化名，严格遵守保密的原则。

对于村民们对我生活方面和田野调查提供的帮助，我尽可能给予回报。但是，我没有采纳在田野调查之前一位学者提出的诸如“为了回报被访谈者接受访谈，在访谈结束之后应该送给他们小礼物”的建议。原因是我认为，就山涧村的人际交往“规则”来说，他们和我“聊聊天”或“接受我访谈”，说说村里的事情，是可以不付报酬的；如果给他们报酬，反而让他们认为我是“上级”派来搜集或调查什么的，可能导致他们不说真实的情况，这样则起到反作用。因而，我并没有在所有访谈结束后均送礼物，而是采取其他方式给予回报。例如，辅导学生学习；在两次婴儿满月和婚礼活动中利用携带的相机给村民们拍些照片，没有收取他们费用；让从新疆去陕西看我的师妹带些新疆特产给有关村民，而不是专门地从北京带东西给他们，以避免强化我在后文将要提到的从“北京来的”身份，等等。

在田野调查中，有村民就有关问题“咨询”我或让我帮助解决，有村民向我说明家庭经济困难问题并希望我能够代他们向“国家”反映；有村民让我给其选择学校的孩子提供信息和帮助；有村民请我给孩子辅导学习，等等。对于后两种情况，我尽可能给他们帮助；对于前一种情况，我明确地回复有些问题我可以关注，在适当的情况下我可以提供一些解决建议；但是，对于有些问题我诚恳地说明我是没有能力解决的，并为此表示歉意。

二、研究的代表性和推广问题

从本研究最初的构思以来，我经常被各方面的研究人员提问道：

“你只选取一个村落，那么你研究的代表性有多大？你的结论如何推广？”

有学者指出，中国的村落在什么程度上代表了中国社会的特点这个问题到目前为止还没有得到阐释和认识。① 在此，仅就本研究的有关情况阐述对这一问题的处理。

关于代表性或推广的问题。本书的观点是：本书中研究的目的并不在于推广，而在于研究本身。利奇（E. Leach）认为，对村落这类小型社区的研究，“不应自称代表任何意义上的典型，也不是为了阐明某种一般性的论点和假设。意义就在于本身”②。所以，更为具体而言，如同陈向明教授在说到她的有关留美中国学生跨文化交际研究中所提及的，本研究只是对特定条件时间中的特定人物进行研究的，只与研究者的个人特征和研究者与被研究者之间的关系以及研究中所用到的具体方法和过程息息相关，而不准备将研究结果推广到范围以外。③ 本研究的目的并不是为了推广。

不过，在本书中，也引用了大量的中国其他村落的一些研究情况，其中既包括我自己调查的情况，也包括通过文献所了解的情况。因而，可以说，某种程度上我的研究又不是仅仅限于所研究的村落的。同时，在相同的时代背景下，中国的农村也具有很多相似的特征。正如费孝通先生在关于其“江村”研究的代表性问题作出的回应：“江村固然不是中国农村的‘典型’，但不失为许多中国农村所共有的‘类型’或‘模式’。”④ 于是，他提出了“应用类型比较法”，即“如果我们能对一个具体的社区，解剖清楚它社会结构里各个方面的内部联系，再查看清楚产生这个结构的条件，可以说……有了一个具体的标本。然后再去观察条件相同和条件不同的其他社区，和已有的这个标本作比较，把相同和

---

① 参见王铭铭、刘铁梁：《村落研究二人谈》，载《民俗研究》2003 年第 1 期。

② 转引自王铭铭：《社会人类学与中国研究》，广西师范大学出版社 2005 年版，第 30 页。

③ 参见陈向明：《旅居者与“外国人”——留美中国学生跨文化人际交往研究》，教育科学出版社 2005 年版，第 78 页。

④ 费孝通：《江村经济》，北京：商务印书馆 2001 年版，第 317～319 页。

相近的归在一起，把它们和不同的和相远的区别开来，这样就出现了不同的类型或模式了”①。

从这个意义上来说，尽管本研究的目的不在于推广，但是它也可以为对我国其他村落的分析提供一些参考。

三、田野研究的时间

我开展田野研究的时间情况如下：

第一，2005 年 12 月 27 日 ~ 30 日：对淳化县有关教育情况进行调查，了解该村所在的淳化县的总体教育状况。初步确定在该县选择一村落作为本研究的田野调查地点。

第二，2006 年 3 月 22 日 ~4 月 5 日：对淳化县和 Y 镇及山涧村有关情况开展田野调查，访谈有关人员，获得关于该村的有关情况，确定该村作为本研究的田野调查地点。

第三，2006 年 4 月 6 日 ~5 月 7 日：在该村开展田野调查。

第四，2006 年 5 月 26 日 ~6 月 1 日：在该村开展田野调查。

第五，2006 年 7 月 5 日 ~8 月 5 日：在该村开展田野调查。

本研究的田野调查时间总共有两个多月，在运用人类学的有关方法进行的研究中，这个时间是比较短的。那么如何看待这个问题？在人类学研究史上，也有研究在较短时间内开展的。例如，费孝通先生的《江村经济》是在调查两个月的基础上写的，而本尼迪克特在写研究日本人的《菊与刀》之前并没有到过日本，只是根据在美国的日本人进行调查或观看有关影片和分析他人有关日本人的研究而写成的。而与费孝通先生的《江村经济》在国际人类学界具有同样声誉的杨懋春先生的《一个中国村庄：山东台头》这本著作却是作者完全凭着记忆写的，并没有为这项研究进行专门的调查。② 所以，研究时间的问题并不是最为主要的问题。就本研究而言，更为主要的是，在上述田野研究时间中，我获取了作为本研究所需要的充分的资料。

① 费孝通、张之毅：《云南三村》，天津人民出版社 1990 年版。

② 参见杨懋春：《一个中国村庄：山东台头》，江苏人民出版社 2001 年版，“序言”。

四、关于我在研究中的“遭遇”

我到该村进行田野调查时，向村民们明确说明我是一所大学的学生，因为学习的需要而来进行调查。但是，由于一些村民在进一步询问后得知我是一名从北京一所著名大学来的博士（生），认为我很“了不起”，我是个“有社会地位”的人，因而表示出“害怕”或不愿意与我交流，这给我的田野调查带来了很大的障碍。在这种情况下，我就尽量淡化自己的“社会地位”方面的影响，例如，强调我家在农村，我的爸爸妈妈是农民，现在还在农村，所以我也是农民的子女；我是在农村长大的，也需要做农活，曾经做过六七年的农活；我很喜欢在农村生活，等等。碰到具体情况，我也会说，“我爸爸（或妈妈）也是这样的”或“我家也是这样的”等等诸如此类的话，以拉近和他们之间的关系。在有些情况下，我还参加他们的活动，如苹果疏花、红白喜事、赶集和参与妇女们的针线活等。上述这些方法收到很好的效果，后来，有些村民甚至称呼我“娃”；到一些村民家时，他们给我找吃的东西，说学校生活太苦，要给我补一补，俨然把我当作他们自己的子女，使我有一种被充分接纳的感觉，这给我的田野调查带来了很大的便利。

另外，需要说明的是，我还有一“项目办人员”的身份。这是因为，在到该村之前，我在该村所在的县和镇的其他村中参与了一国际组织的项目，而这一国际组织也在该村开展工作，而且我选择和进入该村是通过这一国际组织的该县项目办（该组织和该村人们称之为“县办”）工作人员联系的，在田野调查期间，该组织的中国项目办公室（该组织和该村人们称之为“国办”）和县办的工作人员有时来该村开展项目活动，我间或也和他们在一起说话。因而，我经常被认为是该项目的工作人员。例如，村民们有时称我为“项目办的女娃”，村庄中的青少年儿童有称我为“项目办的阿姨”或“项目办的姐姐”。

这一身份给我的研究带来了一些障碍，尤其是在村干部那里。因为，我参与这一国际组织的具体工作是评估他们的项目。一些村干部和村民以为我到他们村也是来“评估”的，所以在我研究的前期，他们对我有一定的警惕和防范。为了改变他们对我的这一角色“定位”，我在多种场合有意识地表明自己是名“学生”，只是曾经参与该组织的项目工作，但不是“项目办人员”；到该村进行的调查是我学习的需要，与项目办没有关系。例如，在一些场合下通过“我们学生”、“我们学校”等的表述来传达这些信息，收到了很好的效果。

不过，这一身份给我的工作也带来意想不到的一些方便，在一定程度上使我迅速地获得了部分村民的信任。原因是该组织在本地开展的是没有任何报酬的项目活动，资助该村建教学楼、修路、建沼气、提供果园管理技术等，因而村民对该组织的人员有非常好的印象。这给我的田野调查带来的正面影响是，首先，在我刚进入该村时一些村民即对我表示出很友好的态度，消除了其他田野调查中因“陌生”而出现的“排斥”情况；其次，一些村民主动让我去他们家“调查”。有时我走在路上，一些村民主动和我打招呼，问我调查得怎么样，有没有可以调查他们的；再次，一些村民主动就我所要调查的内容提供资料，等等。

正如滕星教授所说，要保证田野工作的质量，必须建立良好的人际关系。一个成功的田野工作者，第一个目标就是要建立良好的人际关系。[①] 上述有关情况为我的田野工作建立了很好的人际关系，为我的田野调查提供了极为有利的条件。

无论如何，因为各方面的原因，例如我所说的话不是地道的当地方言；我对村庄里大家都知道的许多情况不了解，因而经常就当地人们司空见惯的现象一个问题接一个问题地问；而且我作为一名女性，竟然到一个并不“发达”的村庄中，且一来就不走，等等一些因素都导致我极易引起别人的关注。在田野调查中，我也经常想，自己所得到的“关注”恐怕就如同女人类学家戴蒙德在重访《一个中国村庄：山东台头》中提到的山东台头村时所引起的关注一样。[②] 但是，我想，对任何一项人类学研究来说，诸如上述方面的这些因素所带来的影响都是无可避免的。我所做的是把这种影响的负面结果减到最小。

---

① 参见滕星：《人类学·田野工作·教育研究》，载《中南民族大学学报（人文社会科学版）》2004 年第 2 期。

② 参见庄孔韶主编：《时空穿行：中国乡村人类学世纪回访》，中国人民大学出版社 2004 年版。

上 篇

本部分主要分析山涧村本土教育赖以发生和发展的若干领域。如同前文所分析的，本土教育是基于一定社会的生活和生产而产生与发展的。根据人类学传统中关于人类生活与生产领域的划分，并结合山涧村的实际情况，本书将山涧村本土教育所涉及的生活和生产领域划分为儿童养育、儿童的玩耍和游戏活动、农业生产和家务活动、农闲与节日活动、社交礼节活动和成家这几个领域，并从本土教育的角度对每一具体领域进行了分析。

之所以作这种划分，主要是因为这样可以呈现“主位”角度山涧村本土教育是如何发生和开展的。① 因而，本部分的结构并不是理论表述的结构，而是遵循人类学研究的“主位”要求，呈现出山涧村人的生活与生产活动的结构——这是本土教育发生和开展的基础。在具体的内容方面，通过对格尔茨所谓的“鸡毛蒜皮”的小事②的研究，来分析山涧村人的日常生活和生产中的本土教育。

---

① 这也是本部分将“相差甚远”的农闲和节日活动放在一起的原因，因为这两类活动的产生和开展均与山涧村的农业生产活动紧密联系。

② 格尔茨指出，典型的人类学研究，就是通过了解极其广泛的鸡毛蒜皮的小事，来进行阐释和分析。参见格尔茨：《文化的解释》，上海人民出版社 1999 年版，第 24 页。

第二章 儿童的养育

在前面关于人类学视野中的教育概念的分析中提到，儿童养育是与教育相关的一个重要主题，并且一些学者直接将之与教育联系起来进行阐述。那么，究竟什么是儿童养育？儿童养育包括哪些具体内容？山涧村的儿童养育与其本土教育是如何关联在一起的呢？下面我们具体分析人类学视野中的儿童养育，探讨一下山涧村儿童养育的内容、特点及其对儿童成长的影响。

第一节　人类学研究中的儿童养育

在人类学的历史中，关于儿童养育问题，学者们开展了很有学术价值的一些研究。例如，米德（M. Mead）对萨摩亚地区的儿童养育进行了详细的分析，具体内容涉及有关婴儿出生时的风俗、哺乳、受照管的情况等。本尼迪克特（R. Benedict）在关于日本国民性的研究中，分析了日本的育儿方式，例如喂养、看管、排泄训练、睡觉姿势等。本尼迪克特将上述内容与游戏、礼节的学习等一起放到“儿童学习”部分中，认为它是儿童人生学习中的一个重要组成部分。根据研究，她提出，日本人的国民性与日本人在童年时期受到的养育状况是紧密相关的。① 怀廷（B. B, Whiting）和柴尔德（J. W. M. Whiting）等关于儿童养育的跨文化心理人类学研究表明，不同文化环境中，人们有不同的儿童养育

---

① 参见［美］本尼迪克特：《菊与刀》，北京：商务印书馆 2003 年版。

方式，这对儿童的发展产生着影响。①

这几位人类学家的上述研究，是在20世纪早期和中期所开展的，如果说时间已经很远的话，那么20世纪后期以来也有众多人类学学者研究了儿童养育问题。苏亚雷斯·厄洛茨科（Suarez Orozco）通过研究发现养育对人的成就动机产生影响。② 著名学者哈维兰（W. H. Haviland）则对儿童养育的有关人类学研究成果给予了综合分析，认为包括喂养等方面的儿童养育方式可以分为“依附训练”和“独立训练”两种方式，它们对人们人格的发展产生着影响。③ 美国人类学家恩伯（C. Ember）等对大量的相关的人类学研究进行分析后也直接指出，儿童的养育方式对他们将来长大后的个性类型起到了部分决定性的作用。换句话说，具有不同育儿风俗的不同社会很可能倾向于培养出不同类型的人来。④

我国学者也在研究中探讨了儿童养育问题。杨懋春、林耀华等老一辈人类学学者分析了养育对儿童的影响。汪宁生在有关人类学研究方法的著作中提出了儿童养育涉及的具体内容，认为关于儿童养育的人类学研究应该包括对他们的喂养和照管、使他们如何睡眠、教会他们行走和传授本社会的行为准则及道德规范等方面。⑤ 庄孔韶教授在其《教育人类学》一书中分析了在我国普遍存在着的用“蜡烛包”包裹婴儿的育儿现象，庄教授将之称为“约束性文化”，认为其对人的发展具有深远的影响。⑥

---

① B. B, Whiting, J. W. M. Whiting, Children of Six Cultures: A Psychcultural Analysis. Harvard University Press, Cambridge, Massachusetts, 1975.

② M. Marcelo, Suarez – Orozco. Becoming Somebody: Central American Immigrants in U. S. inner – city schools, Anthropology and Education Quarterly, Vol. 18, No. 4, 1987.

③ W. A. Haviland. Cultural anthropology, Fort Worth : Harcourt Brace College Publishers, 1996.

④ 参见［美］恩伯等：《文化的变异——现代文化人类学通论》，辽宁人民出版社1983年版，第441页.

⑤ 参见汪宁生：《文化人类学调查》，文物出版社1996年版，第202～203页。

⑥ 参见庄孔韶：《教育人类学》，黑龙江教育出版社1989年版，第189～190页。

通过上述分析可以看出，儿童养育涉及对儿童的喂养、照管、穿着、道德情感的形成等方面的内容。① 综合多方面研究，我们把儿童养育定义为人们在日常生活中有关儿童的哺育、照料和教育的活动。儿童养育对人的成长具有重要的影响，而不同文化环境下人们关于儿童养育的理念和行为是不同的。一种文化中传统的儿童养育活动具有历史延续性和稳定性，内在于生活本身，对儿童的成长具有不可替代的影响。本书选取我国西北地区一个汉族村落，对其传统的儿童养育情况进行人类学的分析。

第二节 山涧村儿童养育的内容

什么是儿童养育呢？在山涧村人们的语言中，并没有“养育”这个词。可是山涧村人会经常说到“养”这个词，恰恰与“养育”的概念是吻合的，例如，“抚养”、“养娃娃”。那么，什么是山涧村人的“养”呢？“养”具体包括哪些内容呢？对于这样的问题，山涧村人的回答就是，“养娃娃哩，就是让娃娃不饥着、不渴着、不凉着，不学着坏人做坏事。”“不饥”、“不渴”是关于吃喝方面的，即让孩子“不饿着，不渴着”——能够吃饱、喝好；“不凉”是关于“穿着”方面的，即让孩子“不着凉”——能够有衣服穿；“不学着坏人做坏事”是关于“道德规范”等方面的，意含着让孩子学做好事。那么，山涧村人究竟是如何让孩子不饿着、不渴着、不凉着呢，哪些人给孩子吃穿衣着——除了家人，还有哪些人？他们为什么这样做？如何使孩子不学着坏人做坏事？

---

① 在人类学研究中，关于儿童养育的分析涉及的喂养、吃饭、穿着等方面的情况就是日常生活中的吃喝拉撒睡等“鸡毛蒜皮”的事情。也许我们可以说，在日常生活中，这些“鸡毛蒜皮”的事情与“教育”有关系吗？或者说，即使与教育有关系的话，但是，重要吗？有值得一提的价值吗？但是，实际上具有非常重要的影响。格尔兹也指出，典型的人类学研究，就是通过了解极其广泛的鸡毛蒜皮的小事，来进行阐释和分析。参见《文化的解释》，王家煊等译，上海人民出版社，1999年，第24页。

孩子学做的又是什么方面的事？为什么这样做呢？下面从吃喝、看管、穿着等方面进行具体分析。

儿童养育中的一个重要方面是“吃喝”。哈佛大学人类学者张光直先生（K. C. Chang）提出，到达一种文化的核心的最佳途径之一就是通过它的肚子。[①] 因此要分析山涧村的儿童养育，首先来分析吃喝方面。在山涧村，“吃喝”一般是以“家”为单位进行的，“谁家的娃娃谁给吃”。首先从婴儿的母乳喂养来说。孩子在一周岁之前主要是母乳哺养。刚出生的婴儿均由母亲用自己的母乳喂养。一般来说，喂养没有固定的时间，只要孩子饿了，母亲就给孩子哺乳。但是，在山涧村，在一个婴儿的成长中，不仅仅得到其母亲的喂养，有时还得到其他妇女的喂养。例如，当其母亲的奶水少得不够喂养他时，或当其母亲有事、生病等时，可能会让村庄中其他也在哺育婴儿的妇女来喂养他；有时村庄中正在哺育孩子的妇女抱起其他孩子时，如果这个孩子饿了，也可能撩起衣襟让饥饿的孩子吮吸自己的乳汁。喂养别人孩子的妇女从来不提什么报酬，认为这是理所当然的。

当孩子近一岁的时候，开始喂一些稀饭等，年龄再大一些时，孩子吃的几乎和大人一样，一般来说没有多大区别。近些年，可能会给孩子买些奶粉、方便面等。孩子在三岁左右即开始学习自己吃饭。虽然根据“谁家的娃娃谁给吃”的理论，孩子一般与自己家人一起吃饭，但是孩子也经常会去别人家吃。例如，孩子们有时在别人家玩耍时，碰到他们家正在吃饭，也和这一人家一起吃饭。村庄里的任何一个儿童，都可以到别人家里吃饭。即使是两家大人之间存在着一些矛盾，甚至不相往来，但是一家的孩子是可以到另一家去玩耍的，碰到后者在吃饭时，常常也跟着吃一个馍馍什么的。当然，也有个别家庭，在与自己有矛盾的人家的孩子来时不加理睬，吃饭时让别人家孩子一边看着。但是，这样的人家通常会受到村里其他人的谴责或议论，人们说“娃是娃”，意指大人之间的矛盾不应牵扯到小孩子，在吃饭的时候，村庄里的任何一家都有“义务”分一点给在场的孩子吃。

---

① Chang, Kwang - chih (ed.), Food in Chinese Culture: Anthropological and Historical Perspectives. Yale University Press, 1977. 转引自郭于华：《关于“吃”的文化人类学思考》，《民间文化论坛》，2006（5），99 - 104 页。

除了小孩自己会去别人家吃饭之外，谁家有吃好的也会送一点给别人家。例如，当村里谁家去街道上买了好吃的东西，谁家地里的东西早熟了，谁家有亲戚来了带点平时很少吃到的东西，通常会分一点给别人家的孩子吃。

在穿着方面，山涧村人在孩子没有出生前就开始准备了。除了家人之外，其他人也会准备，如孩子的外婆、姑姑等给孩子做各类衣服，即使是在经济比较困难的时代。由于山涧村处于高原地带，春秋季节较短，天气昼夜温差较大，有时忽冷忽热，因而，大人很注意孩子不要穿多了或穿少了，以免受凉或被捂热。“背心”则是山涧村人用于防止身体受凉或过热的一种常用衣服，没有袖子只有前后背使之穿上可以防止受凉，不脱的话也不会太热。背心中比较有特色的是“五毒背心”。这种背心之所以叫这个名字，是因为它是用红、蓝、黄、绿、白五种颜色的布料缝在一起，上面绣上蜈蚣、蝎子、壁虎、蟾蜍、蜘蛛这五种动物的形象，故被称为“五毒背心”。根据以毒攻毒的道理，人们认为穿上这种背心就可以祛邪免灾，使孩子平安地成长。在山涧村儿童的服饰上，还有其他的“动物形象”，例如，小孩出生后，其母亲娘家即小孩舅家送给小孩的衣服中最为重要的是刺绣青蛙裹兜，上面有刺绣的青蛙。天冷时，小孩戴“虎头帽”，其形状像老虎。在山涧村，人们普遍还给小孩准备“老虎枕头”和“老虎鞋”，即老虎形状的枕头和鞋子。需要提及的是，即使在当今经济迅速发展的时代，各种新式材料和样式的衣服不断出现，如在县城的超市里就有成套的强生牌的婴儿穿戴的东西，咸阳和西安婴幼儿用品更多，很多东西的价钱都在村民能够接受的范围内，也有些村民在看望刚出生的婴儿时送这些东西。但是上述的刺绣青蛙兜肚、老虎鞋子等用品人们仍然要准备，村民们认为只有有了这些东西，才是真正地迎接一个婴儿的到来；该是亲戚家送的东西亲戚看望婴儿时就应该送，这样才是真正地“算得上”去看望新出生的孩子。

在看管方面，照看孩子的人员通常是其自家人，但是他们照看孩子时并不是只在家里。看管中孩子的活动范围不仅是在自己家屋里或院内，看管他的人还常常带着他“走出家门”，或者是有事的时候把他带过去，或者是没事的时候把他带去同一宗族的人家、邻居家或村庄里的公共场所“逛”，如冬天在有太阳光的地方，夏天在树荫下，和村庄里其他人聊天。或者去其他村民家，有时还专门去也有孩子的家庭，把孩子们放在一起相互逗着玩或比较哪个长得快、长得是像其爸爸还是像其妈妈或其他人等等的一些活动。

看管中重要的内容有“说古经”和“唱曲儿”①。在山涧村，“古经”即故事，“说古经”就是讲故事。“说古经”是山涧村看管儿童中的经常性活动。在我田野调查期间，对村小学的三年级和四年级两个班上的学生作了“在家里听过谁讲故事？听过哪些故事”的调查。所有的学生在处于“被看管”的年龄阶段均不同程度地听过爷爷奶奶、爸爸妈妈或哥哥姐姐讲故事，多数学生并说爱听这些故事，因为它们“很有意思”。例如，关于宝石槽的故事、关于荞麦秆是红色的故事、关于傻女婿的故事等。“曲儿”即歌谣，“唱曲儿”即指唱歌谣，给婴儿唱歌谣也是山涧村人在照看儿童时经常进行的一项重要内容。

以上主要是从吃喝、穿着、照管等方面分析了山涧村儿童养育的主要内容。但是，上述“养”的几个方面主要是指日常生活中的内容。从山涧村人把一个刚出生的婴儿抚养成人的历程来看，除了这些方面之外，还有一些礼仪活动，例如诞生礼、成人礼等，这些仪式是“养”孩子中的特定活动，是人成长中的重要仪式，具有丰富的教育意蕴。关于这些内容，本书将在后面专门详述。

---

① 之所以把为孩子“说古经”和“唱曲儿”放在“看管”中，是因为这些活动是在看管孩子的过程中进行的，并没有如同当今一些家庭送孩子上专门的“故事班”或“音乐班”等，从而将这方面的活动独立出来。因此，本书将之放进“看管”中。

第三节　山涧村儿童养育的特征及其作用

一、多级化养育

在山涧村，一个婴儿从孕育到诞生和成长的过程中，对他的关爱和养育不仅是家庭范围内的事，也是宗族和村落里人们共同的事。因此，儿童的养育具有“多级”的范围，从最小范围的家庭，伸展到宗族和村落。下面选取几个方面对这一特征及其作用进行分析。

如前所述，在喂养孩子方面，虽然“谁家的娃娃谁给吃”，但是，实际上一个妇女可能喂过几个孩子，而一个孩子可能喝过几个妇女的乳汁；再如，前述的村庄里的任何一个儿童，都可以到别人家里吃饭，由此形成了喂养孩子方面的“多级”现象。除了“家”，“宗族”和“村落”也是一个重要的喂养单位。

这种多级喂养对儿童的成长具有重要的影响。在被喂养的儿童长大时，他自己是记不住曾经喝过哪些人的乳汁或吃过哪些人家的饭；但是，大人们有时会告诉他情况，“你小时候喝过××的奶水呢!”把自己的乳汁给别的孩子喝的妇女可能也对这些孩子们说，

> “娃在吃什么，给我吃一点。……不给？你小时候喝我奶水哩!”

一位村民告诉我他小时候他妈妈奶水不够喂他，因而在多次饿的时候喝过村里其他两位妇女的奶水，他在成长的过程中不断听说这件事，所以他一直对那两个妇女报答着养育之恩。他说：“没有两个娘娘①的奶水，我就活不了。……和城里人相比，农村人具有更多的人情味。”可见，这种多级喂养既形成了山涧村人们生活中的互助性，又在他们之间形成了强烈的亲情伦理关系。

桑戴尔（R. Sidel）曾经将这种超越了家庭范围的喂养现象称为

---

① “娘娘”即婶婶的意思。

“多样喂养”（multiple mothering）①，但是用“多级喂养”则更为合适，理由是：“多样”（multiple）的每一方面并无等级之分，但是，“家庭”与“宗族”及“村落”彼此之间却并不是没有等级的，而是分级别的，因而用“多级”则更为恰当地表达出这种关系。其中，“家庭”是最小的一个单位；“宗族”包括了若干个家庭，是大于家庭的一个单位；而“村落”是包括了若干个宗族的单位，是三者中最大的一个单位。在我国，有些情况下，一些村落里只有一个宗族，这时宗族与村落这一单位是一样大的。有些情况下，村落里包括了几个宗族，其中有些宗族是差不多大小的，或者悬殊不大；有些宗族远远大于其他宗族，但也是存在着好几个宗族，山涧村就属于这种情况，家庭—宗族—村落之间的关系非常明显。之所以分析出宗族这一层级，是因为对于同一宗族的家庭来说，孩子的家人会更允许他去吃饭，而对于非同一宗族或血缘关系稍远的同一宗族人家来说，孩子被家人去允许吃饭的可能性则不那么大；而家里有好吃的东西时，或有早收的苞谷或麦子时，人们也更可能送的是同一宗族或亲房的人家。例如，村庄里20世纪60年代从外地移民来的一户人家的子女就常常不被允许到其他宗族人家去吃饭。但是，时间长了之后，该户人家与村里村民逐渐熟悉起来，孩子们也会在别的村民家吃饭的。因此，虽然“宗族”和“村落”是不同的单位，但是，就儿童养育来说，超越于家庭的“宗族”、“村落”范围并不是严格“划分界限”的。

不仅喂养方面是这样，在照看孩子方面也是这样。如前所述，一般来说，照看孩子的人员通常是其自家人，但是他们照看孩子时并不是只在家里，看管他的人还常常带着他“走出家门”，或者带孩子外出“逛”。在这样的过程中，“看管”孩子的范围并不限于自己家，而是同一宗族的人家、同一村落的人家或村落的公共空间；看管的人实际上也并不是其家人，因为在“名”为其家人看管他的这些活动中，他也接触到同一宗族、村落里的其他人，这些人员会逗着他玩，也会看管他的玩耍活动。另外，当家里人有事时，就将孩子托付给同一宗族的人家，或

① R. Sidel. Women and Child Care in China：a Firsthand Report, New York ：Hill and Wang, c1972. 100.

者同村的其他邻居。因此，可以称山涧村人对孩子的看管也是“多级化”的。在穿着方面，儿童的衣服既有自家人准备的，也有同一宗族的人家准备的，还有村庄里其他人家送的，也具有“多级化”特征。

如上所述的“家”、“宗族”和“村落”的不同层级的养育给人们暖暖的心理感受，培育了家族和村落里的伦理亲情关系。这一点当人们正处于村落中时，沐浴在暖暖的村落“情感”中时，可能因“久入芝兰之室，不闻其香”而感觉不明显。但是，没有这种喂养和相关的照管，人们就发觉了人与人之间感情的淡漠。例如，最近几年有人呼吁的“多和孩子一起吃饭”实质是人们因“家”的养育缺乏而产生的一种“不安全感”。由于城市邻里间门对门住了很长时间彼此却不知道叫什么名字或彼此不了解的现象，人们发觉了“邻居”之间对于情感的忽视。这恐怕也是当今时代虽然社会通讯工具很发达、人际交往范围远远超越“村落”、娱乐活动多样化，但是人们却感觉“寂寞”或情感“空虚”的一个重要原因。

二、情感养育

山涧村人在养育孩子时，还非常注重情感的培育和道德的养成。例如，在母亲喂养孩子的时候，经常用手拍拍孩子，给孩子哼哼曲子。单纯从儿童生理成长的角度而言，母乳喂养对儿童的生理成长具有重要的作用，其作用是任何其他营养佳品所不能相比的。从儿童心理发展的角度而言，对于出生时间并不长的婴儿来说，如果由母亲来喂养的话，我们并不知道其感受如何。不过，有关领域的研究表明，当成人与婴儿接触时，婴儿会做出反应，表现出微笑或其他的面部表情，手或脚有时也会动起来。心理学界认为婴儿所表现出的微笑是“社会性微笑”。所以，在母乳喂养中表面来看只是一种单纯的“接触”，实际上既满足了婴儿最为基本的生物需要，又促进了他们情感依恋的发展。这方面的发展会直接影响着他们情绪情感、社会性行为、性格特征和对人交往的基本态度的形成。①

山涧村人这种注重情感的养育还充分体现在睡眠方面。在山涧村，

① 参见林崇德：《发展心理学》，人民教育出版社 1995 年版，第 187 页。

出生的婴儿注定是要与父母睡在一起的；对山涧村人来说，这么小的孩子与父母不睡在一起在情感方面是无法接受的。山涧村人认为，如果一个母亲不与自己刚出生的孩子睡在一起，那么这个母亲的心必定是非常非常毒的。对于幼小的孩子，其与父母亲是否睡在一起的感受是难以了解的，但是同样来自心理学界的研究表明，母亲与孩子亲密的身体接触，使父母对于儿童需要可以给予及时回应，缩小了亲子距离。儿童在出生时期形成的与父母同睡的习惯培养了儿童对父母的情感依恋。睡眠行为的这种实践产生了儿童发展的不同结果。我们可以通过比较来分析这一观点。例如，在美国，婴儿出生后就生活在自己独立的房间里，这导致他对父母的情感依恋大大地不同于东方国家。

情感化的养育还体现在另一方面，即看管方式和内容方面。在山涧村，看管儿童的一般是“人”① ——他的母亲、祖父母或哥哥姐姐。部分由于哺乳的原因，母亲是儿童处于婴儿期接触比较多的一个人。在哺乳完之余，母亲有空闲时间的话，也常常是儿童的看管者。但是，如果母亲的年龄常常处于青年时期或中年时期，如二十岁左右到四十几岁之间，在哺乳完孩子之后，需要做些家务或农业生产方面的事情。在这种情况下，儿童就由其他人来照看：爷爷奶奶、年长的哥哥姐姐最有可能成为他们的看管者，村里的其他人如前所述也可能是儿童的看管者。但是，无论在哪种情况下，看管儿童的均是“人”。

在这种儿童由“人”照管的过程中，作为看管者的“人”与儿童是互动的。首先，看管者与儿童之间有身体上的互动。儿童年龄很小的时候，看管者抱着他，有时也把他双腿架在脖子上扛着他，或者在身后拴个布袋背着他，无论在哪一种情况下，看管者与儿童之间均有身体方面的接触。正是这些互动，使儿童形成了情感的依恋。其次，看管者与儿童在语言方面的互动。在看管过程中，无论是儿童的母亲、爷爷奶奶还是哥哥姐姐等其他人，在儿童哭泣的时候，会和他们说些话，有时还喃喃而歌。有时在儿童很安静的情况下，看管者也会对他们说些话。从社会心理学的角度来说，这形成了儿童母语发展的初步环境，并进一步促

① 如果说看管婴儿的不是“人”，那是什么？实际上，随着所谓“现代化”的发展，就出现了让“电视”、“碟片”等来看管婴儿的情况。

进了儿童情感依恋的发展。

养育的情感化也体现在穿着方面。孩子家人早早地给孩子准备衣服，什么样的亲戚应该送什么样的衣服，强化了人们之间的亲情伦理。具有地方特色的服饰还培养了儿童对地方文化的认同感。

三、道德化养育

如前文所提及的，山涧村人认为养育孩子即让孩子“不饥着，不渴着，不凉着，不学着坏人做坏事”。因而，养育的过程不仅包括提供给儿童生理的需要，“不学着坏人做坏事”中还包含着道德化教育，规范着他们学习做“好事”、不做“坏事”。这主要体现在前文所述的看管中“说古经”、“唱曲儿”等活动中。“说古经”和“唱曲儿”是山涧村道德教育的一种很好的形式。虽然从所谓“科学”的角度来说，有关故事和诗歌中的内容并不可信，尤其是历代传承的古老的故事或诗歌，但是其具有的道德教化作用是不可否认的。即使最不真实的神话也具有巨大的教育作用，盖托（A. H. Gayton）认为，一个民族的神话系统通常即是它的教育系统，那些坐着听夜间故事的孩子们所吸取的有关传统的知识和习俗不比在学校中上六年级的学生少。① 所以，给儿童讲故事和唱儿歌具有对他们进行道德教化的作用，具有“照祖先与神说的做”的教化、模塑与规范功能。② 为什么讲故事和唱歌谣具有这么强的道德教育作用呢？主要是因为这种道德教化的实现不是依赖于居高临下的说教，而是通过具体的富有感染力的人物形象，使得“欣赏故事的快感来自故事的深层结构同人们心理结构的自然契合，使人们从故事中发现了自己，感受到了生活的活力”③。因而，向儿童讲故事或唱歌谣，还通过轻松的方式对他们进行了道德教育，具有强有力的道德教化作用。这就是童年时代听的故事难以忘怀并对人们的道德行为、道德观念、道德评价产生深远影响的原因。这恐怕也是卡吉里拉印第安人在试图阻止背离社

---

① A. H. Gayton, Perspectives in Folklore, The Journal of American Folklore, Vol. 64, No. 252, 1951. 147 – 150.

② 钟敬文主编：《民俗学概论》，上海文艺出版社 1998 年版，第 289 页。

③ 刘守华：《故事学纲要》，华中师范大学出版社 1989 年版，第 149 页。

会习俗的人时所说的“你的祖母没有给你讲故事吗?”① 的一个重要原因。

在此，还可以通过山涧村流传的“古经”和“曲儿”的内容来进行具体分析。例如，在山涧村一带流传的关于猫的一首“曲儿”如下：猫咪咪，上窑窑，金蹄蹄，银爪爪，向树树，逮雀雀，逮住雀雀是好猫，逮不住雀雀是瓜②猫。一位村民解释说，这首歌谣表明“逮雀雀”的猫是好猫，即做好事的猫是好猫；不做好事的猫就不是好猫，即“逮不住雀雀”的猫就是“瓜猫”。所以，这首歌谣告诉儿童要做好事，做好事才是好人，否则就是坏人。再如这位村民说，她很小时候听的故事“忘恩负义”给她留下深深的印象，这个故事告诉她：人不能“忘恩负义”，应该知恩图报。

再如“古经”《荞麦秆为啥是红的》既具有浓郁的地方特色，也具有深刻的道德教化含义：

> 很久很久以前，玉皇大帝降福到人间。所有麦子、谷子、苞谷和高粱等粮食作物全都结上了饱满的果粒。另外，天上还下油、降白面，这样，一年到头，都有吃不完的东西。顿顿吃白米细面。但是，不久之后，一些人不爱惜粮食，并且好吃懒做。粮食吃不完就倒掉，有的人还把面捏成面人让娃娃们玩耍，娃娃们也用雪白的馍馍当作蛋蛋扔着玩。
>
> 有一天，玉皇大帝闲着没有事情，便走出天庭四处看看，结果看到人间的上述景象，他很生气。为了惩罚人们，一个晚上，他带领着天兵天将来到人间，准备把地里长的所有果粒捋掉，以让人们不再有收成。这一消息被小猫小狗听到了，就跑到玉皇大帝面前哀求，要求留下一些粮食给人们，否则人们没有吃的，它们也就没有吃的了。玉皇大帝想了想，决定每根秆上只留下一点点，其他全部捋光。他快捋完时，不小心手被割破了，血留了出来。过了一会儿，他感到很痛，就甩了甩手，结果血溅到荞麦秆上，从此荞麦秆就变成红的了。他也没有把荞麦秆的颜色变回去，以警示人们要珍

---

① 巴斯科姆：《民俗的四种功能》，选自于邓迪斯编：《世界民俗学》，上海文艺出版社 1991 年版，第 414 页。

② “瓜”是“笨、傻”的意思。

惜粮食。

所以，曲儿或古经并不只是描写生活场景或描述一些事件情节的，还包含了对青少年儿童进行道德教化的功能。

四、礼仪和规范化的养育

山涧村人也非常注重对孩子进行礼仪和规范化教育。这方面的教育是通过日常生活中的多个方面进行的。

“夫礼之初，始诸饮食。”吃饭的时间是山涧村人对青少年儿童进行礼仪和规范化教育的一个重要机会。在山涧村，即使是非常小的孩子，在吃饭时也要遵守一些要求，例如，坐在桌子边安安静静地吃；有老人和年龄更小的孩子在时，要让他们先吃；有时，还要给老人和年龄小的孩子拿吃的东西，即使这些东西他们伸手就可以拿到；要多少东西就吃掉多少东西，不要浪费；等等。

谦让是吃饭时孩子需要掌握的一种重要礼节。如刚刚提到的，在吃饭的时候，山涧村的人们要求自己的子女要让老人和更小一点的孩子先吃；到别人家时，不要随意吃别人的东西，即使是大人给的，也要谦让一下。在有些情况下，即使在场的其他孩子年龄更大，大人也要求自己的孩子不能只顾及自己吃，而让其他孩子也吃。

从上述内容可以看出，在吃饭时，山涧村人们非常注重培养儿童掌握一些规范和礼节，并且认为这是父母应该尽到的责任。另外，山涧村一位1958年出生的村民将他与他1986年出生的儿子作了对比，则进一步表明，人在处于幼小时期关于吃的严格规范的掌握，还具有形成我国文化传统所倡导的遵守长幼之序的品格的功能：

“我这一代小时候没有吃的，碰到什么就吃什么，没有挑的，也不敢说不爱吃什么。所以我这一代就比较听大人的话。我是家里老大，吃饭时还照顾其他兄弟。我家小子这一代就不同了。他出生时我在外做些生意赚了些钱，能够吃饱，还能吃好。他又是我有了两个女子后出生的，他妈和我、他爷爷他婆婆自然娇惯他，要吃啥给啥吃哩。所以现在他不听我的话，要个啥不给不行。都是自小把他给惯坏了。”①

吃饭时，大人们不仅对儿童进行有关吃饭的礼仪和规范教育，还进行其他方面的礼仪教育。平时在家与儿童接触时间较少的父亲会趁此时机和孩子们说说话，借此对他们进行教育。一位村民说他小时候，他爸爸农忙时整天在地里做农活，农闲时就外出做些零工，总之见到他爸爸的时间很少，经常是在吃饭时才与他爸爸在一起。因而，在这个时间他爸爸一方面和他讲些地里农活的事或外出做零工时的所见所闻；另一方面则询问他们，以了解他们在家都做些什么。当听到有打架哭闹的情况时，总要进一步问明情况，然后进行有关方面的教育。当他做爸爸后，也因农忙时在外做农活、农闲时做些其他挣钱的事而很少与他的孩子在一起，因而经常利用一起吃饭的时间问问孩子的情况，告诉孩子应该做的事和不应该做的事。

除了吃饭时对儿童进行礼仪和规范化教育之外，其他时间山涧村人也对儿童进行这方面的教育。例如，在看管孩子时，人们要求大孩子谦让小孩子；带儿童到别人家“逛”时，要遵守一定的礼节，不能乱翻别人的东西；当别人给吃的或玩的东西时，山涧村人教儿童应该表现出推辞；即使是在村庄公共空间里遇见别人，也要向别人打招呼，等等。

第四节　儿童养育中的几个特定活动

一、满月

婴儿出生满一月的那一天叫“满月”，家人要在这一天为其举办“满月”活动。满月这天，诸如生人不能见婴儿等一些禁忌解除，并请来亲朋好友喝酒吃饭庆贺婴儿的出生，也庆贺自己家又多了一个人。亲朋好友则带着礼钱或礼物来祝贺。婴儿母亲的娘家人则必须送青蛙

① 在此段话中，“小子”即“儿子”，“女子”即“女儿”，“婆婆”即“奶奶”。

裹兜。

在办“满月酒”的这天中午12点时分，要给婴儿剃头发。然后抱着婴儿到灶房敬灶神。灶神是一家之主，因家里增加了一口人，所以要带他来“报道”一下。敬完灶神之后，还要在婴儿的眉心和脸蛋上染上红点，然后再在其怀中放葱和蒜。葱与蒜分别与“聪”和“算”谐音，山涧村人借此表达希望婴儿长大后聪明、会写会算的愿望。这表明，即使是一个月大的孩子，山涧村人也对其成长寄予了期望。

满月婴儿前来拜见灶神（摄于一村民家）

在婴儿满月这一天，客人要送东西给婴儿家。但是，送什么东西是有讲究的，具有一定的意义。其中，青蛙裹兜和囫囵馍是比较重要的两件东西。青蛙裹兜前面已经介绍过，在此不再赘述。囫囵馍和青蛙裹兜一样，也是由小孩舅舅家带来的。一般在这一天，小孩舅舅家要送两个囫囵馍，一个上面什么也没有，称为“光馍”；另一个上面有各种图案的花纹，称为“花馍”。如果小孩是男孩子，小孩家人将留下那个光馍，让其舅舅家带走花馍；如果小孩是女孩，则留下那个花馍，而让其舅舅家带走光馍，即所谓的“男的留光的，女的留花的”。对于送囫囵馍的意思，山涧村人也说不上为什么，而与该县相邻的旬邑县县志记载是因为囫囵馍可以

花馍[①]

---

① 本著作中所有照片为作者本人所摄。

圈住婴儿，保佑婴儿的生命不被妖魔鬼怪夺走。[1]

由此可以看出，囫囵馍表达了人们对于子女健康成长的愿望。而为什么男孩和女孩之间作出这样的区别，村民说不知道原因，我查阅了相关文献也没有找出其缘由。但是，无论如何，这一点可以表明，从婴儿一出生起，人们就给予其性别分化。

二、周岁

婴儿一周岁生日时，家中的亲朋好友均来庆祝。周岁生日是孩子的第一个生日，人们在这一天寄托了对孩子以后成长的许多期望。其中“抓东西”是一个重要体现。这一习俗起源很早，北齐的颜之推在其《颜氏家训》中就提到过。男孩和女孩过周岁时所给抓的东西是不一样的，给男孩抓的是玩具、羊鞭、纸笔等东西，给女孩抓的是针线、尺子、擀面杖、化妆品和玩具等。具体做法是：一般将这些东西放在正屋的桌上；或在院子中央放一张桌子，将这些东西放到上面去。然后抱着孩子让其自己抓。如果抓到的是纸笔，则表明这个孩子将来爱学习，学习成绩好；如若抓到的是玩具，则表明这个孩子只知道玩，需要家长管教；如若男孩抓到的是羊鞭，则说明这个孩子将来读不了书，只有回家当“放羊娃”，去放羊；如若女孩抓到针线或擀面杖之类的，则表明这个孩子将来心灵手巧，能做针线活，能做家务事；如若抓到吃的，则表明这个孩子有口福，将来有吃有喝的。我所观察的儿童中，有一个因为抓起了“羊鞭”而被其爷爷认为将来是“放羊的命根”，所以认为要好好管教他，使他长大后可以不放羊。村庄中另一位 8 岁的小孩成绩很差，其父母说是因为他在“满周岁”的抓东西活动时抓的是玩具，因而爱玩，所以天生就是不好好学习的。

过周岁活动中这种以抓东西来预测前程的风俗曾经被认为是“迷信”。在此，我们姑且不论其是“科学”或“迷信”，而要分析的是其文化色彩及教育意义。“周岁”礼仪是预卜前程的仪式。[2] 从以“预测”孩子未来为目的这一方面来看，这一风俗表明了人们一种“以小见大”、

---

① 参见旬邑县地方志编纂委员会编：《旬邑县志》，三秦出版社 2000 年版，第 734 页。

② 参见钟敬文主编：《民俗学概论》，上海文艺出版社 1998 年版，第 164 页。

认为人在小时候的表现也影响其长大后的状况的教育观念。而当上述那个孩子抓到“羊鞭”后，其爷爷就说要好好管教他，则又说明山涧村人很重视孩子的“防范”和“矫正”教育。

三、赎身和完灯

在山涧村，儿童周岁生日之后最为隆重的生日是12岁时的生日。12岁生日最为重要的内容是“赎身”和“完灯”。其源起是以前医疗条件差，一些小孩在成长过程中就夭折了。为了孩子能够健康地长大成人，一些父母就祈求神灵的保佑。具体的做法是：孩子出生后，把孩子抱到庙里，烧香拜佛许愿，为孩子求个平安；有的还给孩子戴项圈和长命锁，如若家庭贫困买不起银项圈和长命锁，就用红线绳打个结拴在孩子的脖子上，意为拴住孩子，这种红绳称为“绳曲连”。但是，当孩子长到12岁时，人们认为儿童已经由童年长到了少年，用当地话说由“小娃”成为“大娃”，这样魂就“全”了，妖怪就夺不走孩子的性命。因而在这一天，要到庙里烧香还愿，称为“赎身”。

这种“小娃”长成“大娃”代表着12岁的孩子开始成为大人，而不再是小孩子了。山涧村的人们说到这种转变，经常说的一句话是“12岁以前娃娃糟蹋的馍馍是他妈的，12岁以后娃娃糟蹋的馍馍是他自己的”，其意为12岁以前孩子做错事的话是其父母亲的责任，12岁以后做错事的话则是他自己的责任。

12岁生日这一天，小孩舅舅家送最后一次灯，以后就再不送了，因而这个生日又被称为“完灯”。在这之后，孩子就是成人。因此，可以说，12岁生日的活动又是山涧村孩子的“成年礼”。这一天，孩子要穿新衣服、戴新帽子，家里的亲戚邻居等带上礼物前来祝贺，舅舅家则必须带上囫囵馍、衣物等。但是，现在这一礼俗已经发生变化，舅舅家带的东西多为学习用品、年画等，以表达希望这个孩子能够好好学习、取得好成绩的愿望。

上述这几个活动都是与年龄相关的，是人成长中必不可少的。如果不做，山涧村人会觉得心里“不踏实”；活动中有些东西必须要由固定的人送——除非彼此之间的关系不好。这也反映了山涧村的伦理原则。

在民俗学界，这些活动被称为“人生岁时礼仪”活动，其作用也是告诉孩子及与其有关的人员，孩子已经到了一定的年龄，因而具有标志年龄的作用。而且，在人生的不同阶段，分别有不同的活动标志着不同的年龄，所以说，从满月到满周岁再到 12 岁的赎身与完灯，这些活动并不是孤立的，而是成体系的。另外，从教育的角度而言，这些礼仪活动的意义在于反映人们对子女成长所寄予的期望，体现着人们教育子女的价值观念，具有规范和教化的作用；而且，在赎身和完灯这种具有成年礼节性质的活动中，通过象征的方法，用人为的方式使本不停留间隔的时间分开，使“新”、“旧”的时间分开，使青少年儿童明确进入新的人生阶段，并给他们心理上的准备和缓冲。①

从本章如上内容中可以看出，山涧村的儿童养育活动包括吃饭、看管、穿着、活动等方面。儿童养育活动既提供儿童身体成长所必不可少的生理需求，但是又不限于此。以吃饭来说，儿童的吃饭并不仅仅是让他们“不饥着，不渴着”——实际上吃什么、和谁吃都可以吃饱，都可以满足其身体发育所需要的营养；但是，吃什么、和谁吃，却对儿童的亲情伦理、认同感、道德礼仪和规范等方面的形成具有重要的影响。

从山涧村儿童养育的活动来看，传统的观念及其支配下的行为，对当今时代人们如何养育儿童仍然产生着重要的影响，有些方面一直没有什么变化而被传承至今，有些方面虽然表层的形式发生了变化，但是人们所深信的内核的理念、人们所信奉的价值观、人们所寄托的期望也都没有发生实质性的变化，并且至今仍然坚持不变。这些方面即使是对于那些从农村到城市里的人依然产生着重大的影响，其变化是非常缓慢的。这恐怕是一种“文化滞后（Cultural lag）现象”②，这些方面的变化将会是非常缓慢的。了解这一点，正视这一点，在提倡所谓“科学”育儿观念与行为的当今时代，对无论是坚持还是反对本土的儿童养育理念与行为都具有十分重要的作用。

---

① 参见李亦园：《人类的视野》，上海文艺出版社 1996 年版，第 309 ~ 312 页。

② ［美］奥格本：《社会变迁》，浙江人民出版社 1989 年版，第 265 页。

第三章
儿童的玩耍和游戏活动

玩耍和游戏是人处于童年时期的重要活动。关于玩耍和游戏的理解，首先要从分析它们的定义开始。但是，对于游戏，有学者认为是不能给其下定义的，很难将之与“非游戏”区分开来。① 不过，综合有关研究②，笔者认为，玩耍和游戏均是指一种自愿的活动或消遣，这种活动或消遣是在某一固定的时空范围内进行的；以自身为目的并又伴有一种紧张、愉快的情感。二者之间的区别在于，游戏是玩耍活动中有规则的一部分；但是，在这种有规则的活动之外，儿童还有其他的玩耍活动，如无所事事的活动或偶然的行为，具体来说如在椅子上、床或炕上爬来爬去，摆弄家里的锹、铲子、扫帚等东西，到山沟里随意地走走，等等。

在山涧村，儿童的玩耍和游戏活动是丰富多彩的，对他们的成长和发展具有重要的作用，山涧村的本土教育与之是不可分离的。

第一节　儿童玩耍和游戏活动的内容

在山涧村人们的语言中，既没有“玩耍”，也没有“游戏”，不过，

① 参见刘焱：《儿童游戏的当代理论与研究》，四川教育出版社 1988 年版，第 30 页。

② 参见［荷］胡伊青加：《人：游戏者》，贵州人民出版社 1998 年版。吴航：《游戏与教育》，华中师范大学博士学位论文，2001 年。

他们使用的“要”却恰好涵盖了“玩要”和“游戏”这两个词的意思。例如，他们说“男娃爱出房子要”、“女娃爱在屋里要”、“娃娃们爱去沟畔要”等。当儿童在开展后文将要提到的“抓核”和踢毽子等活动时，他们也说儿童在“要”；在吃杏或吃桃的季节，一些人还把核留下来，说“给娃娃们要”；杀鸡时，则说可以留下鸡毛做毽子“要”。可见，这个“要”既包括了上文所提及的玩要活动，也包括了游戏活动。

山涧村儿童这种“自愿”的“要”开始得很早。在他们尚未学会独立走路而只会扶着椅子或凳子、顺着墙壁移动时，或者当看管他的人有事而将之用丝带或布条拴在炕上时，他们就有了自己的玩要活动，例如推着椅子玩，或顺着墙壁拿到小棍敲打着等。在他们会自己走路时，他就可以摆脱大人或看着他的大小孩①的更多“管制”，在更大的范围内玩要。以前的婴儿一般没有现代社会的所谓的摇铃、机器之类的玩具，玩的东西也没有什么固定的，常常碰到什么就玩什么，例如，家人做农活回来时放在墙边的铲子、筐子，下雨时盆里所接的雨水②，妈妈或奶奶、姐姐们做针线活时使用的针线，玉米收获时节放在院子里的苞谷棒、苞谷秆③，等等。当儿童没有人看管时，其家人在做家务的时候，或者去农田里劳动的时候，也可能会带上他们，把他们放在一边，让其自由玩要。这时儿童就随便玩，碰到什么就玩什么，如花草等植物或蚯蚓之类的小动物。有时，在田地里，恰巧有其他儿童在，他们就在一起玩要。在儿童田间的玩要中，也有很多有意思的活动。其中，为许多村民津津乐道的是夏收季节和秋收季节烧麦子和烧玉米吃。尤其是在玉米熟了之后，儿童在地里挖一个小土坑作为灶，并模仿家里的灶，给其装个小烟囱。然后把掰下的玉米放进去，把拾来的柴火塞进“灶”里，点着来烧。不一会儿，玉米的香味就从“灶”里飘出来，飘到田间，有时惹得大人也逗小孩说要吃玉米。除了烧麦子和玉米外，还可以烧土豆、柿子等。

---

① 即年龄大一点的小孩。

② 山涧村长年降水量小，人们为节约自来水或免得去沟里担水，下雨时用盆接雨水，以用作洗衣服或拖地。

③ 在山涧村，“苞谷”即玉米。玉米收获的时候，人们常常把玉米运回院内，并在院内掰下玉米棒。

在地里玩的时间长了的话，小孩可能就会看腻了，就去玩自己的，或者哭闹着不愿意在田地里待下去。他哭闹时，大人有时会打骂一下，有时则放下手里的农活，带着他玩一小会儿，如教他用野草编小兔，用野花编个花篮等玩意儿，或采些野果让孩子吃。这样，孩子慢慢地自己就学会了编小兔或编花篮等其他玩意儿，也慢慢地知道了什么样的野果是可以吃的、什么样的野果是不可以吃的、什么花叫什么名字等。

儿童成长到四五岁时，可以不要别人专门地看管了。他们可以和家里年龄大一点的孩子或邻居家的小孩一起玩耍。在这种情况下，由于没有看管的“束缚”，儿童玩耍和游戏活动的内容更为丰富。例如，去沟畔里找各种野花玩儿或找野果吃，摸鱼捉虾，捉迷藏，等等。

上述涉及的各项活动均没有固定的“玩法”。除了这些活动之外，山涧村儿童还开展各种有固定玩法游戏的活动，如打嘎、踢毽子、抓核、老鹰抓小鸡、放风筝、荡秋千、翻绞绞等。在此以“打嘎”① 来做详细分析。

“打嘎”这一游戏一般是两个人玩的，只有男孩可以玩。先找几块扁平的石块，每人选中一个石块作为自己的“嘎”，然后选一块土壤不是很硬也不是很松软的地方，将嘎插进土地里去（如果土壤太硬的话，嘎放不到土里去；太软的话，嘎放到地里后容易倒下。故插嘎的土壤应该既不是很硬的也不是很软的）。玩法是这样的：

> 先画一条线，双方在此线处分别将自己的一块嘎竖立起来。然后以 2 至 3 米为距离分别画线。每人分别拿另一块嘎，在不同的线处打对方的嘎。然后通过“石头、剪子、布”的规则来决定谁先去击对方的嘎。对不同线处的“嘎”，击法是不一样的：第一道线处，是“夹脚”，即用双脚或双腿夹自己的嘎投出去击对方的嘎；第二道线处，是“搬腿”，即一只腿抬起，另一腿直立，两腿成 90 度，使自己的嘎从抬起的那只腿下穿过投出去击对方的嘎；第三道线

① “打嘎”的名称是我请村庄里两位老人写出来的，他们不约而同地都这样写。《淳化县志》有关资料中所记载的“打嘎”的玩法与村庄里老人的描述是一样的，因此，可以认为它们是同一种活动。另外感谢原为淳化县文物馆工作人员的淳化县人姚生民先生“表演”该活动，并帮助我核实下文出现的“夹脚”等具体的“专有名词”。

处，是“挑扬”，即弓步，前脚踩线，将自己的石片放于后脚前，然后踢出击对方的嘎；第四道线处，是“瞄撇”，即单手投出自己的嘎击对方的嘎，随便怎么投出去都是可以的；第五道线处最远，称为“老河”，先将自己的嘎投到目标附近，然后人走到嘎处，用“挑扬”方式去击对方的嘎。无论在哪一处，一方如若成功地击倒对方的嘎，那么就可以移到下一道线处继续击对方的嘎；如果没有击成功，就换另一方用自己的嘎击对方的嘎。谁先击到“老河”处，就是最远的那条线时，谁就成功了。谁成功了，这一局就归谁赢了，一局也就结束。

可见，“打嘎”这一游戏规则是很“讲究”的，明确、细致，还有不同“层次”。村里的一位20世纪30年代出生的老人说，在他童年的时候，多数家庭的孩子都有三四个之上，因而从自家的孩子或邻居家的孩子们中随便找一个就可以在院子里玩起来了；秋收时院内放着很多苞谷，孩子们就到院外甚至路上玩。村民们说，这种游戏很有趣，“百玩不厌”，还具有重要作用：对体力的发展具有多个方面的作用，不仅可以促进身体运动，而且不同道线处需要采取不同姿势，对锻炼身体的灵巧性是有帮助的；另外，在某一道线处如何能够击中对方的嘎，这对训练儿童的智力也是有帮助的。

可惜的是，这一游戏只能在土地上玩，因为只有在土地上才能画线将嘎立住，才能画名称为“夹脚”、“搬腿”等的不同的线。因而，当改革开放后，越来越多的家庭建起了“现代化”砖瓦房，并把院里的地铺成了水泥地，继而村庄的道路被修成柏油路或水泥路，在那之后儿童就只有到有“土壤”的果园或庄稼附近等地方玩“打嘎”，但是这往往遭到大人的训斥和阻止。因此，儿童可以开展这种活动的地方就越来越少了。

那么，在山涧村，儿童为什么玩耍和游戏？玩耍和游戏的价值何在？不同的学者提出了不同的观点。例如，精神分析学者认为玩耍和游戏产生于儿童多余的精力，因而有助于他们释放这些多余的精力，从而不去学习做坏事；游戏元交际理论则认为，玩耍和游戏活动产生于儿童交往的需要，因而有助于他们交往能力的提高，等等。可见，不同学科从不同的角度可以进行不同的研究，并得出不同的结果。在人类学界，关于儿童玩耍和游戏的研究也很多。但是，既有的研究多关注其文化意义，而鲜有分析其教育意义。① 马凌诺斯基（B. Malinowski）从人类学整体论的角度指出，对儿童游戏的研究不是在行为主义者的实验室里可以了事的，应该把它放在每一个特殊文化中去看，② 这对于如何从教育人类学的角度分析儿童的玩耍和游戏活动具有重要的方法论启示。运用教育人类学的有关理论和方法进行分析，可以发现山涧村传统的儿童玩耍和游戏活动具有丰富的教育意蕴。

第二节　儿童玩耍和游戏活动的教育意蕴

一、儿童的玩耍和游戏活动给了儿童真正的"童年"

儿童玩耍和游戏活动的价值何在？首先需要分析一下作为"局内人"的山涧村人们的看法。对于儿童的"耍"，山涧村人认为，这是人处于儿童期的人生内容。在山涧村，无论男孩还是女孩，只要他们"没有破坏家里东西，没有糟蹋庄稼，没有吵架打闹，没有放火害人"，在六七岁之前，是可以充分地玩耍和做游戏的，大人们也不会阻止，反而会说："小娃娃不就是耍嘛！"到了六七岁及之后，男孩或女孩都要开始学习做一些家务事或农活。例如，女孩要开始学习做家务事，男孩要开始放羊。之后，随着年龄的增长，男孩和女孩分别需要学习做更多的事情。但是，只要做完与年龄相当的某些家务事或农活，又可以"尽情"地"耍"。因而，山涧村人关于一定年龄的儿童"就是耍"的认可，实是表明玩耍和游戏是儿童期的人生内容之一。

由于山涧村人认为，儿童玩耍和游戏是人处于儿童期的人生内容，

---

① 例如：Helen B. Schwartznan, *Transformations*: *The Anthropology of Children's Play*. New York：Plenum Press，1978. Laura P. Appell Warren，*Child's Play*: *Myth*, *Mimesis and Make-Believe American Anthropologist*, Mar 2000，Vol. 102（1）等有关文献中的分析。

② 参见［英］马凌诺斯基：《文化论》，华夏出版社 2002 年版，第88 页。

是儿童“自己”的事情，因而很少干涉，尽可能让他们尽情地玩耍和做游戏。正是因为这样的原因，山涧村的儿童们只要没有做“破坏家里东西”、“糟蹋庄稼”等上述几个方面的事情，就可以充分地开展他们想开展的玩耍和游戏活动，例如，祖祖辈辈传承下来的玩耍和游戏活动，模仿生活中的新现象或事物而产生的活动，同伴之间相互传授的活动，自己随意“发明”的新的活动，等等；也可以充分地找自己的玩伴，如和自家的同龄人一起玩耍或做游戏，也可以和邻居家或村庄中其他人家的孩子们一起玩耍和做游戏；此外，还具有相当大的自主性去选择玩耍和游戏的地点，例如屋内的炕上和屋外的院内、道路上、沟畔边等等。如此很少受别人的干涉而可以充分开展自己想开展的活动，对儿童的成长具有重要的影响。

如莫迪亚诺（N. Modiano）指出，当儿童在玩耍和游戏中不受别人的监督时，他们就有充分的自由满足自己的好奇，并使他们有充分的机会了解他们所生活的环境。① 所以，在这种由儿童自己决定玩耍和游戏活动的过程中，把属于儿童的儿童期给了他们自己。借用最近时期的教育学话语来说，把玩耍和游戏的本真价值给了儿童，让儿童生活在真正的“生活世界”。据此，也提醒我们反思目前“现代化”的儿童玩耍和活动，其中不乏“先进”的玩具，但是它们在多大程度上是儿童“自由”选择的？大多是成人以促进儿童“智力”发展为目的而“强加”给儿童的。这些玩耍和游戏活动在多大程度上是属于儿童“自己”的呢？

二、帮助儿童了解和学习履行成人后的角色

在山涧村，传统的儿童玩耍和游戏活动就是对山涧村的生产活动和家务活动的模仿。这种模仿既体现在玩耍和游戏中的玩具方面，也体现在具体的内容方面。

就玩耍和游戏中的“玩具”来说，山涧村的儿童有很多“玩具”。不过，他们的玩具不是固定的，儿童无论碰到什么都可能将之当作玩

---

① N. Modiano. *Indian Education in the Chiapas Highlands.* New York: Holt, Rinehart and Winston 1973.

具，这些玩具与山涧村的生产和生活均具有紧密的联系。例如，靠墙边放着的扫帚、喂鸡的鸡食盆、铲子、门外的小石子、盆里所接的天上落下的雨水、地上爬着的蚂蚁、树上落下的叶子等等都会成为他们的“玩具”，泥巴也可能成为他们的“玩具”，他们把泥巴做成各种各样的“泥蛋蛋”[①] 玩；或者在妈妈或奶奶没有注意的时候，把她们做针线活的东西也拿去当作玩具，有时把线团玩得乱成一团糟，使大人找不到线头；或将线团在地上滚来踩去。为此，他们常常受到大人的打骂或训斥。不过，有时他们也找些被大人扔掉的破碎的线头、布头学着大人的样子做针线活。尽管做的与大人们完全不一样，但是，当女孩这样做的时候，大人们则高兴地说：“看我女娃能耐的，长大了能找好女婿[②]。”或说：“娃拿针线了，对着哩!”要是男孩们观看纳鞋垫或其他通常由女人们做的活，并不时地帮个忙时，则多半受到大人的呵斥。尤其是当他们帮的是“倒忙”，如大人需要的是剪刀，但是他们递上的是线团时，大人们更会说：“不要胡来!”所以，在儿童幼小时期的玩耍活动中，大人就已经对他们进行成人之后的角色教育了。在这种角色教育中，使得针线之类的东西只可能成为“女孩”的玩具，而不可能成为“男孩”的玩具。也使女孩认识到，针线活是女性应该做的；而使男孩认识到，针线活是男孩不应该做的。

何德兰等人在20世纪初关于我国儿童的玩耍和游戏活动的分析中指出，玩具是儿童的第一个老师，儿童正是在玩铲、锄头和锹等“玩具”的过程中产生了对生活的看法。[③] 他们并没有说明儿童对生活产生了什么具体看法。但是，毫无疑问，在摆弄这些“玩具”的同时，儿童也就慢慢地知道作为男孩和女孩应该做什么、不应该做什么。也就是说，也就慢慢地知道自己作为男孩或女孩应该做什么、不应该做什么。

就玩耍和游戏的内容来说，在山涧村，传统的儿童的即使最为随意的玩耍和游戏活动也是与生产和生活联系在一起的。如前所述，当儿童需要别人看管而又没有人看管的时候，其家人如果去地里做活的话，也

---

① 山涧村语，即“泥团”。

② 在山涧村的语言中，“女婿”是女儿丈夫的意思。

③ 参见［美］泰勒·何德兰、［英］坎贝尔·布朗士：《孩提时代：两个传教士眼中的中国儿童生活》，群言出版社2000年版，第89页。

会带上他，把他放一边，让其自由玩耍。这时他们可能就随便玩，碰到什么就玩什么，如花儿、草儿或蚯蚓之类的植物或小动物；有些孩子到地里时，并不玩耍，而是看着大人做农活。尤其是一些男孩，喜欢看着大人耕地或锄地，看是否能在被翻动的土地里找出蚯蚓等小动物来，这样就有可玩的了！他们也可能会模仿大人，玩些与家务活动或农业生产活动相关的内容，或在玩够了之后帮大人一起做，如大人拔草时也拔草；大人给果树疏花或疏果时，小孩也学着大人的样子给果园地里的野花野果“疏花疏果”；收麦子时，跟在大人的后面，学着其他年龄稍长的孩子拾落下的麦穗。但是经常因没有做好或妨碍大人做事而招致大人的训斥。无论在玩耍中儿童受到大人什么样的训斥，有些时候村民甚至还说那是“娃娃们学着做事哩”！正是在这样的过程中，年幼的儿童慢慢地熟悉了生产情况。

另外，儿童的一些游戏完全就是对现实生活的模仿，如“搭灶灶”游戏，即是普通话所说的“过家家”游戏。这是一项由多个儿童一起参与的游戏，和我国其他地方的这类游戏一样，男孩当爸爸，女孩当妈妈；个子大的和年长的孩子当父母，个子小的或年幼的孩子当孩子，模仿现实中生活的样子垒灶做饭。具体地从性别的角度而言，儿童们也通过开展玩耍和游戏活动来“模拟”履行自己成年后的性别角色。这种模拟化的生活更为直接地形成了他们对生活的“态度”。可以说，儿童的游戏就是他们对未来生活的预演。

传统的儿童玩耍和游戏活动的上述作用还可以从变迁的角度来进行分析，即儿童的玩耍和游戏活动是随着山涧村生活和生产的变化而变化的。例如，在新中国成立前的战争时期，由于山涧村是红区和白区交界处，因而有时战争就在村庄里发生，有时出现打架杀人的事件。儿童看到这些事件后就模仿，所以，出现了假装杀人、打架和耍枪等游戏。不过，在新中国成立后，战争结束了，同时政府和大人也认为国家处于“建设”时期，因而这些游戏不再被允许出现，慢慢就消失了。20 世纪 50 年代始，村里陆续引进拖拉机、收割机、脱谷机、架子车等新式农用机具后，这些农用机具的样子及其发动之后的声音和其能够迅速地翻完大片的土地或割下麦子的功能吸引了全村的孩子们前去观看。一些以前不大喜欢出门玩的小孩有时也被吸引过去。一些小孩看一会儿感到不过瘾，会整天跟着看。这些农用机具到哪里，他们就到哪里，而不玩平时玩得很起劲的那些活动，甚至连家里人喊吃饭时也不愿意离开。一些小孩观看后，也想自己“拥有”这些农用机具，这样自己可以玩。于是就模仿农用机具的形状，用废弃的铁具、木板、绳索等开始制作起来。因而出现了制作拖拉机、模仿开拖拉机等形式的新游戏等。1966 年“文化大革命”开始后，村庄中出现了“批斗”的现象。孩子们据此也玩一些批斗的“游戏”。对于上述这些活动，孩子们不仅观看和直接参与，活动结束后的模仿又是他们玩耍活动中的一大内容。20 世纪 70 年代中叶的时候，孩子们会在游戏时用“林彪”或“孔老二”等称呼坏人，因为那时这两个词是“坏人”的象征。改革开放后的情况则提供了相反的例子，进一步说明了山涧村人们生产和生活的变化导致了儿童玩耍和游戏活动的变化。改革开放后，村子里有越来越多的人外出打工，带回了新式的与山涧村生产和生活没有“关联”的玩具，一些新式玩具也进入山涧村所在的县里，后来还逐渐“进驻”到镇上和村子的商店里。此外，一些外出打工的村民还把自己的孩子带在身边。上述情况使儿童的玩耍和游戏活动产生了很大的变化，超越了“传统”的范围。这些变化在可能扩大儿童“见识”的同时，也让儿童日渐疏远了山涧村传统的生产与生活。

可见，儿童的玩耍和游戏活动是与山涧村世世代代的生产和生活联系在一起的。传统的玩耍和游戏活动大大地促进了儿童对山涧村传统的生产和生活的了解与模仿，并帮助他们学习履行成年后的社会角色。当儿童的玩耍和游戏活动发生变化时，其所具有的教育功能也就相应地发生了变化。

三、促进儿童对村庄的了解和认同

上面分析的传统的儿童玩耍和游戏活动有助于儿童了解和模仿山涧村的生产和生活以及学习履行成年后的角色，这在一定程度上说明儿童的玩耍和游戏活动也具有促进儿童对山涧村有更多了解和认同的作用。

如前所述，在儿童不需要做家务或农活时，或者当完成他们被要求做的家务或农活时，他们可以充分地玩耍和游戏。在这样的玩耍和游戏中，他们对山涧村有了相当多的了解，也形成了对山涧村强烈的认同感。例如，一位村民说他们“玩的东西很多”，在玩的过程中了解到山涧村“方方面面”的情况。不同季节去采摘各种各样的野花和野果、夏天去河里捉鱼和螃蟹等、冬天去玩冰，这些是村里的孩子都喜欢的，现在村子里的老人们很是怀念童年时的这些活动。

村民们尤其强调的是漫山遍野找“零食”的事。关于这种“零食”，在一次“集体访谈”中，25 岁以下的村民多数说他们吃的零食很多是商贩们从外面运来的零食，而 25 岁以上的村民们中的一些说他们没有吃过零食；另一些村民说，他们有零食，只是山涧村的土特产，例如，蒸馍、沟畔里的野花和野果等——如果这些能够算作零食的话；另有村民直接说他们小时候的零食就是馍和野花野果。

沟　畔

“秋天，沟畔里到处都是果子，像小枣啊，梅李①、山楂，这些都是我们喜欢吃的。”

“从南头下沟能找到红果，能吃，也能玩，用线穿起来就是手镯。”

“有些果子好看，但是不能吃，有的吃多了肚子疼。”

“现在的娃娃们拿着钱就能到商店里买到东西吃，倒是方便，但是没有我们小时候在这个季节到处找梅李吃有意思。那时家家的娃娃都没有零食吃，有时连馍也不够吃。所以，在这个时候，梅子熟了，娃们都去找梅子吃。不像现在娃娃都买零食，不愿意费劲下沟。我们那时没有得吃，路边的梅李还没有熟，就被吃了。我们就去沟里到处找。实际上找起来也不费劲，我们都知道沟畔里的什么地方有梅李。”

如同纳德尔（S. F. Nadel）对尼日利亚中部的努卜的研究中指出

---

① 山涧村人们说的是 méi li，根据《淳化县志》（三秦出版社 2000 年版，第 321 页）的有关资料，应该是“梅李”。

的，正是基于村落而形成的同龄伙伴组成的群体教给了他们自己社会的许多知识。[1] 在山涧村也一样，正是上述那些“自由”的玩耍和游戏活动给儿童们留下了深刻的美好印象，也使他们形成了对家乡强烈的热爱和认同感。

沟畔里的野果——草莓

山涧村传统的玩耍和游戏活动对人认同感的形成的功能，还可以从玩耍和游戏活动中的玩具及语言这两个方面进行具体的分析。首先，玩具具有形成人认同的功能。玩具绝不仅仅只是“玩物”，它也是文化传承和传播的工具，[2] 山涧村儿童的玩具也具有浓厚的文化和地域特色，具有重要的教育意义。例如，“抓核”活动中使用的“核”。“核”是“桃核”或“杏核”，是吃杏或吃桃时留下洗净的。有的小孩比较急，吃完杏或桃不洗就直接玩。杏核较小，而且表面比较光滑，更适合用手去抓，所以用杏核玩得多。在没有现在儿童经常玩的小汽车、积木等玩具的时代，“核”是山涧村儿童最为常用的一种玩具。无论是哪个季节，均有儿童在玩“抓核”，即使冬天天冷不能去屋外玩，儿童也会在炉子边或炕上玩。几位老人说起他们小时候玩的“抓核”时，“争先恐后”地回忆小时候收集核和开展抓核游戏的情况：

“小时没有现在娃娃们的玩具，不过核也是很好的玩具。”

“为了找到好的核，一到桃子、杏子熟了的时候，我们就看紧有没有人吃，然后捡人家吃丢下的核……”

“为了有核玩，我们常去沟畔里摘杏，沿着庙后的路下沟。沟边的杏树能长不少杏子，在那里可以收集不少杏核。”

“玩抓核时，常常把手弄得很脏。有时，正在玩时，屋里人喊吃饭，就放下不玩跑回家，不洗手拿起馍就吃。这样肯定会吃到

① S. F. Nadel, “A Black Byzantium: The Kingdom of Nape in Nigeria,” in Middleton, John (eds.), *From Child to Adult : Studies in the Anthropology of Education*, Garden City, N. Y.: Natural History Press, 1970.

② 参见刘焱：《儿童游戏通论》，北京师范大学出版社2004年版，第65页。

两个儿童在玩抓核游戏

土，不过自己哪晓得哩。抓紧时间吃完接着去耍！”

“我兄弟在城里工作，前几年回村里，正吃杏，说在城里吃杏时就想起去沟里寻核……”

“他想着核哩，就没有忘记村里……”

我的家乡也有类似的游戏，但是我们的玩具是“石子”。可以看出，就同一类型的游戏而言，在不同的地方使用的是不同的“玩具”，具有地域的差异性。而上述老人的话则可以表明核已经成为一种物质形态的物化的“文化”，它形成了人们的共识性，产生彼此身份的认同感。①

其次，在玩耍和游戏中的语言也具有形成人们认同感的作用。这些语言多富有地方特色，例如一些游戏的名称就很有地方特色，如“搭灶灶”、“翻绞绞”和“牛坪草”；一些游戏在进行的过程中唱的歌谣也富有地方特色，例如“老鹰抓小鸡”游戏中流传着的儿歌：

老鹰：缝，缝，缝兜兜。
母鸡：缝下兜兜做啥哩？
老鹰：装磨石哩。
母鸡：装下磨石做啥哩？
老鹰：磨刀子哩。
母鸡：磨下刀子做啥哩？
老鹰：杀你老外爷家花公鸡哩。
母鸡：我老外爷家花公鸡把你啥吃啦？
老鹰：吃了我老外爷家八石糜子八石谷。
母鸡：往哪里进去的？
老鹰：往猫道进去的。
母鸡：往哪里出来的？
老鹰：往烟囱里出来的。

---

① 参见钟敬文主编：《民俗学概论》，上海文艺出版社1998年版，第73页。

母鸡：花公鸡不杀还不行？
老鹰：花公鸡不杀不得行。
母鸡：你姓啥？
老鹰：我姓叨。
母鸡：叨就叨。①

上述语言中“兜兜”、“你老外爷家花公鸡吃我老外爷家八石糜子八石谷”和叹词“哩”等语言富有浓郁的地方特色，对儿童无疑具有陶冶的作用。

四、益脑健体的作用

提起“益脑健体”一词时有庸俗之感，犹如广告中的宣传语。但是，从教育学的角度来说，它却是人教育中很重要的一个方面。山涧村传统的儿童玩耍和游戏活动就具有很好的这种功能。

例如，“翻绞绞”的游戏。“翻绞绞”游戏一般是由两人开展的，不过一般是女孩玩，男孩不玩的。冬天坐在炕上，夏天坐在院子的石板上，两个人就可以玩。玩法是找一条大概一米长的细线，把两端结上，打成一个圆圈。一个女孩在自己的手上绷出绞绞架子，另一女孩用手指翻勾，向上翻，向下翻，或穿线翻，就翻倒在自己的双手上，翻成自己想要的形状。然后对方又将线翻勾到她的手上。这样可反复多次翻勾，分别翻成“剪子绞”、“牛槽绞”、“拉锯绞”等等。翻不好的话，就会使线纠结在一起，使对方无法再翻，这样就成为“烂裆裤”。一定不要翻成“烂裆裤”，因为“翻个烂裆裤，大了没人要”！村中的老人们说，“心不灵②”的女娃常常就翻乱了，被别的儿童认为“大了没人要”，结果就不敢翻，只能在一边看着。如同张新立在分析彝族儿童的与翻绞绞具有异曲同工的“翻绳”游戏时所指出的，在这种游戏中，每一个新的图案造型，需要手指完成撑、压、翻、勾等一些精细动作，需要左右手配合一致，需要每一根手指的巧妙分工。在这一过程中，手指、手腕和双侧肢体的灵活性、精确性与实际操作能力，都得到不同程度的发展。

---

① 这段歌谣来源于村民的回忆，并参考了《淳化歌谣集成》（刘晓义主编，第443～444页，1992年）中的有关内容。

② “灵”在当地方言中指心思细密、聪明的意思。

同时，手指灵巧准确地操作，要求儿童做到眼尖、脑灵、手准，手脑一致，手眼协调。于是儿童的视觉、触觉、运动觉、直觉等得到有机的训练，幼儿的形象思维能力、空间方位能力、创造性、想象能力得到发展。①

再如“踢毽子”游戏。在山涧村，秋收之后的踢毽子是山涧村的一项比较大的活动。毽子都是山涧村人自己用铜马钱和鸡毛做的。将鸡毛穿过铜马钱的洞，然后用黄蜡，即蜂蜜的渣，将之固定住就可以；有时也可以用针线缝。一般在吃过早饭后，人们集中到空旷的收麦场上开展这种游戏活动。山涧村人踢毽子的方法是五花八门的，有踢（用单脚以鞋帮踢）、蹦（用脚背翻着踢）、畅（以腿伸直用腿踢）、扛（用脚踢起而用肩接、再弹起或再接再弹起毽子）等不同的踢法，彼此间对身体的姿势要求差别很大。在促进身体运动的同时，不同姿势的踢法还可以锻炼身体的灵巧性和思维的敏捷性；而在踢的过程中，如何能够战胜对方，是需要动脑筋的，这对促进人的智力发展也是有帮助的。“会踢毽子的人不仅身子好，脑子也很聪明”，一位村民如是说。

可见，不同的游戏对儿童体力、智力和动手能力等方面的发展分别具有不同的作用。多种游戏的开展则对儿童在上述几个方面的全面发展具有重要的作用。如同一位村民所说的：“现在的娃娃们在幼儿园被老师（要求）锻炼身体，我们小时候的打嘎呀、打猴（即抽陀螺游戏）呀，不也锻炼身子嘛！”

从教育人类学的视角对山涧村传统的儿童玩耍和游戏活动进行研究，发现山涧村传统的儿童玩耍和游戏活动是非常丰富的，并具有很好的教育意蕴。通过前面的分析可以说明，一些认为我国农村儿童缺乏玩具、生活单调的观点②是值得商榷的，关于一些地方“游戏缺失”的观

① 参见张新立：《教育人类学视野下的彝族儿童民间游戏研究》，西南大学2006年博士学位论文，第108页。

② 例如，当我和提供给山涧村教育援助的某国际组织的一位负责人聊天时，他说“我这里条件差，娃没什么玩。所以我们在近期给一些学校的娃送去了篮球、足球、器械等，丰富他们的课余生活，使他们有玩具要要了……”

点可能源于研究者的种族中心主义、阶级偏见和研究工具的局限性。①山涧村儿童的玩耍和游戏活动非常丰富，但是由于相关研究较少，借用何德兰的话来说，它们是一座迄今还没有被发现的宝藏。② 我们不能以国外儿童的玩耍和游戏活动为标准来评价我国传统的儿童玩耍和游戏活动，因为他们处于不同的文化背景下，没有办法将二者加以比较。③我们也不能以城市和国外儿童的玩耍和游戏活动为标准，来评价山涧村儿童的玩耍和游戏活动，认为它是“贫乏”或“单调”的。因为在山涧村，传统的儿童玩耍和游戏活动是非常丰富的，并且在多个方面促进了儿童的成长。

---

① 参见张珊明：《国外有关儿童游戏的文化研究概述》，载《比较教育研究》2005 年第 11 期。

②③ 参见［美］泰勒·何德兰、［英］坎贝尔·布朗士：《孩提时代：两个传教士眼中的中国儿童生活》，群言出版社 2000 年版，第 44 页。

第四章 农业生产活动和家务活动的传承

在农村地区，没有什么比农业生产活动[①]和家务活动更为重要了，在山涧村也不例外。在山涧村，为什么要让孩子学习参加农业生产活动和学习做家务活动？其主要目的有两个方面。首先，是为了生存。对大多数人和大多数家庭而言，农业生产活动和家务活动是大多数人赖以生存的最为主要的活动，因而关于这些活动的传承，则是路威所说的一种职业教育。[②] 而且，根据教育史上的所谓认为生产教育是首要教育的劳动起源说，可以肯定的是，生产教育是教育中至为重要的内容，[③] 之所以重要，恐怕是因为人类为了自己的生存和后代的生存"首先"必须要从事生产劳动和对子女进行生产教育。其次，是为了"成家"和"做人"，是为"成家"和"做人"做准备的一种教育。两者比较而言，前一目的的达成也是为了后者，后者的实现是以前者为基础的。因而，可以说，在进行农业生产活动和家务活动的传承中，山涧村人在传承着一种"成家"与"做人"的教育。

虽然两个目的中前一目的的达成也是为了实现后一目的，但是后者

① 本章中的内容包括学理意义上的"果业"。从学理的角度来说，果业不属于农业范围，但是在山涧村人看来，将诸如种苹果的活动仍然称为"做农活"，其属于"农业生产活动"范围，因此本章将果业等相关内容一并收入。实际上，农业生产活动的具体范围中是否包括果业并不是本部分的重点，本部分侧重于从教育人类学的角度来探讨农业生产活动和家务活动。

② 参见［美］罗伯特·路威：《文明与野蛮》，北京：生活·读书·新知三联书店 2005 年版，第 155 ~ 156 页。

③ 参见张诗亚：《西南民族教育文化溯源》，上海教育出版社 1994 年版，第 99 页。

的实现需要以前者为条件，因此本章将这两个方面分开加以论述。

第一节　为了生计的农业生产活动和家务活动

要分析山涧村的农业生产活动和家务活动及其对生计的影响，需要了解山涧村的一些基本情况。山涧村在地形上属于黄土梯田地。根据《淳化县农业区划报告集》记载，该村属于淳化县西部塬沟粮、油、牧、防护林区。其地理特征是塬面积宽大、地域辽阔，土地占有量比东部塬区多；土壤肥力差，水源缺乏，干旱威胁严重。全年平均降水量在620毫米。① 在山涧村，全村范围内没有地表水，离该村最近的自然水源是位于村西与另一乡镇之间的大沟，沟内水深平均约为1米，平均宽约为1.5米。

上述自然状况下，该村在新中国成立之前的很长年代中，以小麦和玉米（山涧村人称之为苞谷）作为主要农作物。除了小麦和玉米之外，还有糜子、荞麦、土豆、油菜、烤烟及少量蔬菜等。新中国成立后，苹果被引入山涧村，成为山涧村一种重要的农作物。

在改革开放之前，即在20世纪80年代之前，山涧村人大部分家庭主要以种植上述农作物为生。改革开放后，越来越多的家庭寻找其他挣钱门路，如去城市打工或学习盖房子等手艺活。这些方面的收入成为一些家庭的另一重要经济来源。

下面是三个家庭的基本情况及其2005年各方面的收入与支出情况：

家庭一：总共五口人，夫妻两人和三个孩子。平时夫妇二人在家做农活。如有一人外出打工，另一人则无法完成农活。大女儿在上海打工，另外两个孩子在上学。家庭收入主要来自于农业生产和大女儿的打工收入。农业生产收入一般在8000元，大女儿打工每年挣的钱约5000元。

家庭二：总共六口人，夫妻两人和两个孩子以及孩子的爷爷奶

① 参见淳化县档案馆：《淳化县农业区划报告集》。

奶。平时丈夫在外当建筑工人，妻子和孩子的爷爷奶奶在家做农活，两个孩子均在上学。家庭收入主要是农业收入和丈夫给别人盖房子的收入。前者每年收入约为 10000 元，后者收入每年约 9000 元。

家庭三：总共四口人，夫妻两人和两个孩子。丈夫是一农场的“正式工”，妻子在家务农，两个孩子在上学。家庭主要收入是农业生产收入和丈夫的工资。每年农业生产收入约为 8000 元，丈夫的工资收入一年也约为 8000 元。

这三个家庭分别代表了山涧村比较典型的三种家庭：一种是家庭收入主要来源于农业收入和家人外出打工的收入；二是家庭收入来源于农业收入和家人做建筑工人、小买卖的收入等；三是家庭收入来源于农业收入及家中有“固定”工作的人的工资。但是，第三种家庭在山涧村不到 20 户，即还没有达到总家庭数的 10%。因而，前两部分家庭居多。就前两部分家庭而言，打工和小买卖均是一种不稳定的收入来源，做建筑工人可挣相对稳定的工资。所以，总体来说，农业生产仍然是山涧村人主要的收入来源。由于生产效率低，并且以手工业生产为主，因此一些家庭在孩子很小的时候即让其参加农业生产活动。

实际上，山涧村的人们也认为农业生产活动是他们的主要的生计活动。例如，当青少年儿童不愿意去做农活的时候，大人们经常说，“不去做（农）活吃什么”。这些被经常提及的话最为直接简要地说明了做农活的一个重要目的——生存。

另外，通常被认为“鸡毛蒜皮”的家务事也是与生计相关的，因为正如村民们对不愿意做饭的孩子经常说的话：“不学做馍馍①，吃啥哩?”因而，在山涧村，农业生产活动和家务活动是一种生计活动，其传承也是一种生计教育。

---

① “馍馍”在山涧村的方言中，是叠音词，就是“馍”的意思。另外，在山涧村，“馍”是包括多种面食的一个词，如馒头、锅盔、包子、花卷等。

第二节　为了“成家”的农业生产活动和家务活动

在山涧村，人们参加农业生产活动和家务活动不仅是为了生存，满足生理的需求，此外，还具有社会性目的，即为成年后的“成家”做准备。20 世纪 80 年代之前，在山涧村，除了做农活之外人们没有太多出路的情况下，做农活成了一个男性娶媳妇的重要基础。当一个男孩不愿意做农活时，其家人或邻居们便说：

“不做农活，连媳妇也娶不上！”

而当一个男孩农活做得好的话，人们常会说“不用愁娶媳妇”。在山涧村，有许多这样的事例，即农活做得好的人容易娶到媳妇，而农活做得不好或不能做农活的人则不易娶媳妇。一位村民具有很好的种苹果技术，人也很勤快。据说在他没有定亲之前，有不少人给其说媒，其中是一些姑娘家托媒人的。当别人把他介绍给家境比他家还好的他现在的妻子时，他的妻子及其家人也对他非常满意，因为他本人种苹果技术很好。对于女性来说，也是这样，农活做得好的女性到十八九岁时，就会有媒婆上门来说亲，有些是媒婆自己来说亲的，有些则是受别人之托来说亲的。

而相反的情况是，村里一位村民游手好闲，在一般人成家的年龄时他还是单身；到了 30 多岁，才有一个身体有缺陷的女性嫁给他。所以，他被一些村民当作“反面人物”来教导自己的子女。村民们在教导那些不愿意做农活或者不认真学习做农活的子女时经常就引用这个人的经历作为例子，如说“如果这样，你就和 × × ×（那位村民的名字）一样”之类的话。同时，村庄里的男孩之间有时说起那些做不好农活或农活做得稍微差一点的人，也会说对方如同这位村民一样“难娶到媳妇”。

“娶媳妇”和“找婆家”成为村民们教导自己孩子参加农业生产活动最为重要的一个理由。村民的逻辑是：

做好农业生产活动→使生活变好→娶到好媳妇（或嫁好婆家）→成家

在这一逻辑的“链条”中，前者目的的达成是为了实现后者，也就是说村民们教导自己的孩子做好农业生产活动本身不是目的，其直接目的是使生活更好，使生活更好的目的是为了娶到好媳妇和嫁个好婆家，进而达到“成家”的目的。在山涧村人的观念中，生活好坏与否并不是最为重要的，最为重要的是成家。可以说，成家是教导孩子、培养孩子的最终目的。长辈们使孩子学会农业生产活动，生活越过越好，进而给孩子娶媳妇和成家，也是应该完成的“任务”。这一点还可以通过新的时代背景下的新情况看出来。

如今，随着社会发展，人们的生计出路已经不局限于单纯的农业。例如，从20世纪80年代初改革开放的政策落实到山涧村以来，村里有越来越多的人外出到咸阳、西安、青海及东南沿海一带打工，其目的是“使生活变好”，进而娶媳妇和成家。一个明显的标志就是外出打工的人挣钱后首先盖房子，盖上房子后家里的父母或长辈们就托人给自己的孩子说媳妇，有时甚至没有等到家人向别人说起，别人家就主动来上门说亲，人们认为谁家盖了房子就有“资格”给他们家的孩子说媳妇。

20世纪80年代中，义务教育政策实施以来，村里就有越来越多的孩子可以上学，上学带来的一个重要“出路”就是考学（上中专、大专或大学等，即被专业学校录取），然后娶媳妇、成家。由于山涧村人认为考学后人就在“城里”找工作，在“城里”安家落户，有“国家”给分房子，因而就不需要给孩子盖房子了。在前几年考学后就业状况比较好的情况下，有些村民认为，考学之后，分房子和娶媳妇都是非常容易实现的事情了，因而家长不需要为孩子考虑了，“任务”就此完成。例如，村庄里有一位1995年考上县职中师范专业的年轻男子，在他被职中录取后，村庄中的其他村民们对其父母说“你们的‘任务’完成了，等娶儿媳抱孙子”吧。在近些年毕业后就业形势非常严峻的情况下，那些考学的年轻人，仍然被教导要好好学习，否则“娶不到好媳妇”。

成家成为生计活动的最终目的，在最近几年，这一点还充分体现在长辈们为那些因上学而推迟娶媳妇的年轻人的担忧和着急方面。村里有一位22岁的年轻男子在一著名大学读本科，在学校中没有女朋友，而且其本人一心还是放在学习方面，并准备本科毕业后读研究生。其父母和家族人员都非常着急，说这样的年龄应该考虑说媳妇成家了，放假回家时他家的邻居也常常对他说“有女朋友吗？要带一个给你妈看看”。因为这个年轻人一直专注于学习，因此在考研究生方面，其妈妈一直持反对的态度，说：“学到哪一年？再学习下去年龄大了更不好找媳妇了。”他妈妈和邻居们聊天时经常让邻居们分析他没找到女朋友的原因，猜测“是不是长得太瘦了，人家姑娘看不上”、“是不是不爱说话，不招姑娘喜欢”、“是不是没有钱请姑娘玩”，并让邻居们给出谋划策。但是，她认为村里人也“没出去过”，不知“到底怎么回事”，因而当村里来了相关的“知情人员”时，他妈妈还找机会请人家帮助分析和找对策。村里另一户人家有一亲戚“考学后”在县城某单位工作，已经30岁了，还没有“对象”，他要找什么样的对象，如何找到对象，也成为这户人家和村民们在茶余饭后、田间劳作聊天时的一个话题。村民们认为，“考学”、找好工作就是为了更容易地娶媳妇，娶上媳妇成家是最重要的。

上述情况同时也说明，虽然人们的经济生产和物质生活已经产生了重大变化，人们谋生的方式已经从传统的纯农业转向呈现为多元化的状态，但是谋生的目的——“成家”仍然没有发生变化。

对女性而言，为“成家”除了学习做农业生产活动之外，还需要学习做家务活。在旧社会，女性婚后的主要职责是操持家务；在新社会实施男女平等政策后，女性也开始走出家门，但是家务活仍然主要由女性做，而且家务活做得怎么样也是决定女性找什么婆家的一个重要因素。家务活做得好的姑娘更容易找到婆家。山涧村一位妇女当年就是因为做事勤快、善于料理家务而被她丈夫家看中的。而不愿意做家务活或做得不好的姑娘在找婆家方面则会碰到一些困难。所以，人们常常对不愿意做家务事的女孩说：“不做事，哪里找下家①？”

男女平等政策实施以来，一些女性也开始走进学校读书。尤其是20世纪80年代中期义务教育政策实施以来，越来越多的女性有了去学校读书的机会。由于她们把大量的时间和精力用于学校里的学习，因而没有学习好一些家务活，如擀面、纳鞋垫等。可是，在当前社会背景下存

① “下家”即婆家的意思。

在的家务事，例如做饭，其家人对她们应该学习的要求是没有变的。例如，一位已经中专毕业在一所小学当老师的女性，每逢周末或寒暑假回家时仍然被要求学习做家务，在临近结婚前，其妈妈还专门地告诉她一些做饭的方法。

从理论上说，正如人类学的有关研究所表明的，几乎在所有地方，婚姻都包含着某种特定形式的相互经济责任。① 和善于做家务或农活的人成家，婚后生活状况将更好，因而，作为应该做农活的男性农活做得好、应该操持家务的女性家务做得好的话，他们就会被认为是成家的理想对象。所以，将做农活与家务活和成家联系起来，反映村民们在教育自己的子女方面是有他们理性的思考的。正是根据这种理性的思考，山涧村的人们为了使自己的孩子以后能被别人相中，即能够“娶到媳妇”或“找到婆家”，在他们很小的时候，就让他们学习农业生产活动和家务活动中的知识，在为“生存”做准备的同时，也为“成家”做准备。

第三节　农业生产活动和家务活动的传承

一、农业生产活动和家务活动中具有丰富的知识

1. 农业生产活动中的知识

就农业生产中的知识来说，种植不同的农作物，所涉及的知识是不一样的。我们试以小麦为例来进行分析。在苹果引入之前，小麦“占据”村里最多的耕地面积，是山涧村最为重要的农作物。山涧村的中老年村民说到农作物时，经常告诉我“麦为首种”，即指在作物轮作中，小麦居于首要地位，因而，关于种植小麦的知识是最受重视的。

每年的白露后是播种小麦的时节。每到这个时节之前，茶余饭后或邻居们串门聊天的时候，大人们就相互谈论着种小麦的事，商量或说说

---

① 参见［美］F. 普洛格、D. G. 贝茨：《文化演进与人类行为》，辽宁人民出版社 1988 年版，第 412 页。

各家计划哪一天准备送肥、播种。

小麦的播种期一般是一个星期左右。其播种时期必须把握好，过早或过晚都不利于小麦以后的生长，过早则苗易于长得过旺，这样容易受冻；过晚则发芽较慢，影响小麦的生长速度。不过，“白露”这一节气时间只是用于参考，村民并不是完全固守这一节气的。实际上，每年村民们都根据天气冷暖和气温高低的具体情况作灵活调整。

在小麦种植前，要给麦田施足够的农家肥作为底肥，然后将青肥、草木灰等送到田里，即“送肥”。通过这种方式先养好土地。村民们认为，土地的“供养”非常重要。人们常说，“人哄地一天，地哄人一年”，“人哄地皮，地哄肚皮”。当青少年儿童和大人们一起给麦地送肥时，大人常常告诉他们这样的话，尤其是当他们不愿意做农活的时候。

麦收之后需要耕地。耕地的技术有些是需要别人传授才能领悟的。如什么地使用什么耕法：一种是“一面倒”，即从田边开始，绕着圈耕地，这样掀起的土是向一个方向倒的；另一种方法是由地中间开始犁，来回向中间翻。耕完地之后要将被犁开的土打碎，这样使地平整、保墒，而且又方便麦种扎根生长。用来平整土地的方法是：人站在专门用于碎土的工具——耙上，让牲畜拉着耙移动。站在耙上的人一手拿着鞭子，一手拉着缰绳控制牲畜和耙的方向，有时还需要使用不同的吆喝声来使唤牲畜。无论是耕地还是打土，用多大力和向什么方向用力是非常重要的。所以，新手通常需要反复练习才能学会耕地或打土。

在耕、耙完地之后，要立即播下种子。种子播下后，不能任其生长，而要给予一定的管理。其中，灌水和施肥是重要的两个方面。麦田管理中要适时地施肥浇水。有关对“粪”字字源学角度的分析表明给农作物施肥的重要性：中国古代的“粪”字，是由“米”、“田”、“共”三个字组成的。“米”代表农产品；“田”代表农田土壤；“共”字一方面表示农产品同农业土壤之间密不可分的关系，另一方面也表示“粪”来自土壤还应归还土壤。实际上，“粪”字是把农作物→农田土壤→粪肥三者紧密联系在一起的纽带。换句话说，古人认为“粪肥”是农业生态系统中不可或缺的重要环节。①

为了提高农作物的产量，农民们越来越认同所谓的“肥效高”、施用方便的化肥。正如黄宗智通过对长江三角洲有关情况的研究所指出的，化肥与农药等方面的投入是我国集体化时期重要的力量。② 不过，当时由于经济条件限制，人们没有太多的钱买化肥，因而，即使到20世纪90年代初，“遗落”在外的无论是人的还是动物的“野粪”，人们看见了还是会将之带回家。甚至有人花钱从学校或镇上的单位买人粪。

到端午前后，麦子就可以收获了。在收麦之前，需要做些相关的准备。首先是整理麦场。“三月不压场，麦在地里扬”，因此，准备麦场是很重要的。准备麦场的方法是将地面弄平整之后，用水洒湿，等到地面表皮湿润之后再洒些草木灰，用碌碡滚压，将之压得严实平整后即可。

麦子割下后被捆扎运到麦场，然后把麦粒脱下，具体的方法是：传统使用链枷，现在多使用脱粒机。脱下的麦子中一般都会夹杂有碎草、碎叶等需要除去，通过“扬场”可以将之除去。“扬场”是一项非常讲究的技术活，需要选择合适的风进行，而且使用一定的方法将麦粒扬起。一般是扬场人迎着风向，手拿木锨，铲起一定量的麦粒，根据风力的大小和风向，使出合适的力量，在一定高低的位置将木锨沿着某一角度扬起，送出麦料。然后，在“刷”的一声中，麦粒成月牙形落在地上，碎草等自然地分离开来，落在一边。如果风向和送出麦子的力的大小没有把握好，麦粒和杂草、碎叶等仍然会落在一起。由此可以看出，“扬场”是一项很有讲究的农活，刚学习的人需要多看和练习才能做好。

脱下麦粒的麦秆需要通过一定的方法堆积在一起。因为麦秆可以留作盖房、铺炕、烧饭用等。但是，如若随意地将之堆积在屋子外面，这样时间一长不仅会有树叶、杂草等被风吹进来，使之混杂不清，而且又不干净；另外，可能会因下雨等原因导致其进水而腐烂。所以，采取合适的方法将之储存起来是非常重要的。储存的方法是将之打成垛：垛底部小，向上慢慢张开来，然后到顶部时再收缩。打垛的过程中要注意其

① 参见郭文韬：《中国传统农业思想研究》，中国农业科技出版社2001年版，第164页。

② 参见黄宗智：《长江三角洲小农家庭与乡村发展》，北京：中华书局2000年版，第234~235页。

从上到下为圆形，垛的表面比较光滑，这样即使下雨时雨水也会顺着表面流下，而不至于流进垛里，又使杂草等进不去，从而比较稳妥地保存了麦秆。需要提出的是，在收麦的过程中，由于小麦收割、运送和脱粒中的一些工作需要多个人合作来完成，因而，在包产到户后，两家或几家村民自发地结合起来。轮到某家收麦时，请其他村民们来帮忙；轮到其他村民收麦时，这家人也去帮忙一起做。尤其是在给小麦脱粒和随后的搬运麦秆时，一般需要十来户一起合作，村民们称这种情况下的合作形式为“递麦秆”。村民们认为，这种方式既使家家户户顺利地完成了麦收，又加强了村民之间的感情。

以上内容是关于小麦这一农作物的有关生产知识，从中可以看出，农业生产活动中具有丰富的知识。①

2. 家务活动中的知识

在山涧村的人们看来，饲养家禽、做饭、洗衣、扫地之类的事情都是在家里的，因而都可称为家务活儿。② 其中做饭和饲养家禽是两大方面。

家务活动中也具有丰富的知识。在此以做饭为例来进行详细分析。山涧村人吃得最多的是面食，其中面条是他们最为经常吃的一种面食。做面条有很多道工序，首先是和面和揉面。面要和得软硬恰到好处，揉得光滑圆润，这样擀起来才顺畅，才能方便轻捷好擀。也只有和好面、揉好面，才能使擀出的面有韧劲。擀面时，手拿擀面杖要均匀地用力，并且适时地改变擀面杖的方向，这样才能使面厚薄均匀。擀好面的要求是把面擀得尽可能薄，这样面才筋道，下到锅里煮不烂，吃起来有嚼劲儿。

---

① 有学者将诸如此类的农业生产中的知识称为“本土知识（Indigenous knowledge）”，并探讨了其与教育之间的关系，如 L. M. Semali，J. L. Kincheloe（eds.），*What is Indigenous Knowledge? Voices from the Academy*，New York and London：Falmer Press. c1999；石中英：《知识转型与教育改革》，教育科学出版社 2001 年版。

② 当然，专门养殖家禽的人家一般不会将家禽放在家里。不过，目前该村还没有这样的家庭。即使在其他村里有这种情况，也只是极少数，而且因传统观念的影响，人们一般认为家里饲养家禽方面的事务仍然属于家务事。即使专门养殖家禽的人家也认为他们在自己家中饲养的并非作为养殖业范围的家禽，此方面的事务也是家务事。

除了面条之外，在山涧村，人们最为经常吃的是馍。馍既包括馒头，还包括花卷、锅盔等。馒头是全国其他很多地方也经常做的，但是锅盔是有地方特色的一种面食，其中有很多外人难以知晓的“技术”：与馒头用手揉面不同的是，它是用松木或其他木杠子来回压面，直到压得面光滑圆润为止，然后将之与碱面中和，再用松木压，使碱面与发酵的面均匀混合，再把面擀成圆形面饼，放在专门的锅上，用小火烤，使面饼进一步发酵。烤的过程中要注意火力大小要一致，同时要不时翻转面饼，使其受到的火力均匀，这样烤熟之后就成了“锅盔”。锅盔易于储存，住校的学生经常将之带到学校当作干粮，两三天之内都可以吃。

除了吃面食之外，在春夏时期，一些妇女、姑娘们还常常从沟畔里挖些野菜做成各种口味的菜馍，又叫“菜疙瘩”。这些野菜如苜蓿、荠菜、rán 蒿①等。这些菜洗干净切碎后，加入一些玉米面或麦面等，再加入一些盐，搅拌在一起蒸熟成菜馍或“菜疙瘩”，这样既省粮食，也能丰富口味。会不会做这些食物，也被认为是女性能否很好地持家的一个重要方面，尤其是在缺少粮食的年代。

3．农业生产活动和家务活动中知识的体系化

由上述分析可以看出，无论是在农业生产活动中还是在家务活动中，均具有很多方面的知识。之所以说其是知识，是因为它们具有通常我们所说的知识的特征。以通常我们所说的知识的最为重要特征——体系化——来说，山涧村的农业生产知识和家务活动方面的知识也是体系化的。因而，在此以农业生产活动中的时令性知识为例加以具体分析。从上述有关小麦的种植方面的知识来看，什么时间播种、什么时间施肥、什么时间锄草、什么时间收割，完全是自成体系的。关于这种时令性知识的体系化，我们还可以通过其他农作物的耕种时间来进一步体

① 田野调查和论文写作中，我一直没有发现“rán”对应的汉字是什么。

会。见下表①。

有关山涧村农作物耕种的时令性知识

品种	播种时间	收获时间
小麦	白露后	端午前后
玉米	谷雨后立夏前	农历七月初
油菜	比麦子早十天	比麦子早十天
黄豆	谷雨后立夏前	农历七月初
高粱	比玉米早几天	比玉米早几天
荞麦	中伏时期	种麦前
糜子	收麦子后	种麦时

时间对于农作物的种植是非常重要的。《国语·齐语》指出，“勿夺民时，则百姓富”②。为了便于记忆各种农作物的种植时间，人们还创作了一些歌谣和谚语。例如，“椿树绽，苞谷点”、“麦不离八月土”等，而“麦为首种”则是指在作物轮作中，把小麦放在首要地位。在歌谣和谚语中，也体现了这种时令性知识的体系化。例如，下面一首山涧村一带流传着的《节日农时歌》：

正月初一万象新，男女老少喜盈盈。
十五元宵雪打灯，高跷社火耍得红。
二月初二龙抬头，冻雪消化闹春耕。
三月清明地泛绿，植树造林遍山沟。
四月立夏麦场火，修渠引水灌庄稼。

---

① 从表中可以看出，山涧村人是通过多种方式而非一种方式计农时的，既根据节气计，如“谷雨”、“立夏”等；也根据节日计农时，如“端午前后”；还根据其他农作物的种植时间计农时，如根据麦子播种和收获时间来计糜子的播种与收获时间。本想将多种计时方式统一为一种形式，以便于读者阅读。但是，这样的话则使阅读者不能发现山涧村人的上述多种计时方式，而且所呈现的也不是“原始”的田野调查资料，没有呈现出山涧村人真正的计时方式，因而最后决定，将以上多种计时方式以最原始的形式呈现出来。

② 转引自夏征农主编：《辞海》，上海辞书出版社 1999 年版，第 5117 页。

五月端阳粽子酒，龙口夺食忙夏收。
六月小暑莫迟疑，抓紧回茬种谷糜。
七月白露打核桃，前后十天种麦好。
八月中秋月儿圆，瓜果蔬菜香满园。
九月重阳日西斜，家家下地秋收忙。
十月立冬天变冷，种完麦子把地整。
冬至过后天数九，家家副业样样有。
腊月煮肉擀长面，锣鼓咚咚又一年。

从上述内容中可以看出，这种时令性知识体系还具有其独特的特征。在山涧村，由于村民们从事农业生产活动的特点，要求他们不需要精确的计时方式，所以他们的时间观念不是根据分、秒、时或精确的日期来计算的，而是根据天气的冷热变化、雨雪霜降等情况，来把握小麦、玉米等农作物的播种、生长与成熟时期，进而形成了一套时令性知识体系。这是一种与大自然相和谐、适合他们生产活动的知识体系。

二、农业生产活动与家务活动中知识与技能的传承

1．有计划有目的地传承

山涧村的人们将农业生产知识传递给下一代时，具有非常明确的计划性，对不同年龄的儿童提出不同的要求：儿童在七八岁的时候，被要求做拔草、拾麦穗、掰玉米棒子等农活；9 岁或 10 岁时，就学习割麦子、撒种子等；十三四岁的时候，学习锄草、施肥等；十六七岁的时候，学习犁地；然后随着年龄的增长做越来越多的农活。实行人民公社制度时期，上学的孩子放学回家也要参加生产活动，因为要挣工分。在山涧村，实行人民公社制度的时期，拉架子车的话，一车粪拉到田里是两个或三个工分。为了这两个或三个工分，放学的学生回到家里拉一车粪到田里是经常的事。

在做家务活方面，女孩在六七岁的时候学习擀面、扫地和简单的喂牲口的事，在9 岁或10 岁的时候学习蒸馍等，再大一点的时候学习洗衣服、担水等活儿，到 15 岁左右，差不多所有家务活都应该会做了。可见，家务活动也是有计划、有目的地传承的。

男女两性在不同年龄应该参加的农业生产活动或家务活动

男性在不同年龄应该参加的活动	
七八岁	拔草、拾麦穗、掰玉米棒等
九岁或十岁	割麦子、撒种子、割草、牵牛等
十三四岁	锄草、施肥等
十六七岁	犁地等所有农活

女性在不同年龄应该参加的活动	
六七岁	擀面、扫地、简单的喂牲口的事
九岁或十岁	蒸馍等
十二三岁	洗衣服、担水、复杂的喂牲口的事
十五岁	所有家务活

2. 运用激励或惩罚的方式

在山涧村，农业生产活动和家务活动是人们生存的重要基础，因而，人们经常以多种激励或惩罚的方式来要求自己的子女学习做农活或家务活。村民们教导自己的孩子，做农活和家务的目的既是为了“吃饭”，也是为了“娶媳妇”或“找婆家”。

一个年轻男子能否找到媳妇在很大程度上取决于其做农活的状况。对于一些不愿意做或做不好农活的人，家里人则经常训斥他“你这个样子，连媳妇也娶不上”。在村里这个人也会常常受到人们的议论，

“××家的娃啊，那样哪个女子肯随他！”

或者以之教导自己的孩子，

“看××娶不到媳妇，就是不好好做活，你不好好做活的话，长大就和他一样。”

因而，为了能娶到媳妇，到一定年龄的青少年儿童就被家人要求学习和参加一定的生产活动；大部分人正是因为“为了娶到媳妇”这样的目的，并且不被别人嘲笑，而愿意学习做农活，且努力地去学习。一位村民说：

“在我村这里，说到哪个人身手不勤，就笑话他大了娶不到媳

妇。就好像不做农活等于娶不到媳妇，也就等于以后要给全家人丢脸，那就是很不光彩的事。所以，哪能不做农活?”

对于女性而言，山涧村人常说：“汉中的女儿会蒸饭，关中的媳妇会擀面。”这从另一个角度说明一个女孩不会擀面，是找不到好婆家的，即如一些村民说的“不会做饭，找不到下家”，人们常用这样的话来要求女孩学习做饭。村里的一位老人说：

“我们这里女娃不可以不会擀面。会擀面的才是心灵手巧的好娃娃！要不就是笨手笨脚的娃！以前农村娶媳妇还要考她擀得怎么样哩！在媳妇娶回家的第二天，（她）要亲自上案板擀面做给来客吃。她擀面时，家里的公婆、婶子、大姑、小姑、嫂子等在旁看着，从她和面、揉面、擀面到切面整个过程都要仔细地看。有的还要耍闹、为难新娘，故意在面里加上盐或苞谷子，这样擀起来就困难了。如果擀得不好，客人评价吃起来味道不好，那就是很没有面子的。所以，以前我们这里的女娃在六七岁时，就要学做擀面。个子不够案板高就用凳子垫着！反正，要从小就学，一遍遍练习。”

3．**通过潜移默化的方式传承**

如同在前面有关儿童的玩耍和游戏活动中所分析的，当家里无人看管孩子时，大人去做农活的话则可能将孩子带到田里玩；或者大人去地里做农活孩子不愿意待在家里、央求着去地里玩时，在这种“玩”的过程中就开始了关于农活的最初的传承。当时，孩子可能还很小，因而大人在做农活的时候，就把小孩放一边，让其自由玩耍。这时小孩可能就随便玩，碰到什么就玩什么；但是，也可能会模仿大人，玩些与大人正在做的农业生产活动相关的内容，例如，大人在播种小麦种子到地里时，小孩可能找些野果的种子或把小石子当作种子，在田边种植自己的“小麦”；或者在玩够了之后帮大人一起做，如大人播种小麦种子时，帮着递些东西，大人拔草时也帮着拔草，疏花或疏果时也学着做，山涧村的孩子们最初就是这样学着大人做事的。有时，当大人在做某些农活时，小孩在地里并不玩耍，而是看着大人做农活。如以前用牛耕地时，或现在的用拖拉机耕地时，有些农活对于男孩子是很有吸引力的，常有男孩去观看或去捡从地里犁出来的蚯蚓等东西。正是在这样的过程中，时间一长，一些小孩就知道，如何能够在耕地时将犁扶稳，在转弯时应该如何扬鞭和吆喝着“指挥”牛前行。某一天，当大人正在耕地时歇下来喝口水或抽根烟时，男孩们就见缝插针地抓住“机会”，拿起鞭子吆喝着，结果发现也能有点像样地耕地了。

不仅在田地里孩子们可以通过潜移默化的方式掌握一些关于农业生产的知识，在其他的情况下也能了解这方面的知识。例如，当爸爸提醒邻居家应该要种玉米了，因为“椿头绽（即椿树发芽），苞谷点”，就明白椿树发芽的时候也就是点种玉米的时候了。大人做活回家吃饭时，爸爸可能和妈妈说说今天在地里的做活情况，例如商量和讨论如何锄掉玉米地里的草时，坐在一边吃饭的孩子听着听着就记住了锄玉米地要把握的要领是“头遍深，二遍浅，三遍四遍像刮脸”这句话了。

家务活动也是在日常生活中通过潜移默化的方式传承的，如大人在一边做事时，小孩子在一边观望，慢慢就学会了。拿做花卷、包子和做饺子来说，山涧村人让女孩子在七八岁的时候就学习，有些女孩是大人手把手教会的，但是有些女孩只是看着别人做，慢慢地自己就学会了。

4. 通过有意识的示范和纠正错误的方式传承

诸如前面提及的关于如何犁地、如何堆积麦垛等方面。再如，即使刚刚提到的一些男孩看到别人犁田，试试后可能就有点像犁田的样子了。但是，有的人可能看了很多次还是犁不好地，有经验的人就会耐心地说“你看我手是怎么扶犁的，鞭子是怎么动的，是怎么使唤牛的”，然后再让学习的人练习，并仔细观看其手扶犁的位置是不是正确或用力的方向是不是对，或者吆喝牛的声音是否正确，然后再纠正其错误；接着让学习的人再试，再练习，再纠正错误。再如，大人在给麦秆打垛的时候会让家里的孩子来帮着抱麦秆到垛边，并让其观看大人如何堆积麦秆成垛。孩子们看着看着，偶尔抱来的麦秆大人还来不及堆时，孩子们已尝试着堆麦秆了；通常刚开始堆放的时候，总会放不好，大人就会重新整理，并告诉孩子为什么堆放得不好，如何才能堆放好。这样，慢慢地，孩子们就知道如何把麦秆堆成像样的垛了。如此，青少年儿童慢慢地就掌握了农业生产技术。

5. 通过谚语、俗语和歌谣的形式传递

谚语、俗语、歌谣是一种民间语言，这些语言具有形象生动、贴近生活、易于记忆的特征，可以将世代积累下来的生产经验有效地传递下去。如关于麦子重要性的“麦为首种”、“人哄地一天，地哄人一年”和关于农作物耕种时令的歌谣等。而且，大多谚语、俗语、歌谣本身作为一种流传久远的民俗，还反映了人们的信仰和伦理等内容，[①] 具有精神教育的价值。

三、农业生产活动和家务活动传承中的性别差异

通过上述内容，我们也可以看出，在农业生产活动和家务活动的传承中存在着明显的性别差异，遵循着“男主外，女主内”的分工模式。大多数情况下，家务活动中的做饭是由女性做的，而饲养家禽中的放牧、割草之类的需要出去做的活多由男性做。男女之间的劳动分工常常是家里/家外之分，而非是家务/农活之分。换句话说，男女之间的劳动是根据劳动的场地来分的，而不是根据劳动的类型来分的。例如，在孩子们很小的时候，大人擀面蒸馍，如果女孩子在一边观望，并且不时地因好奇或想尝试而动动擀面杖或拿起切面刀时，大人们会高兴地说：

“我女娃要做馍哎！”

而男孩子作出同样的动作时，大人们则会不悦地说：

“弄脏面了！不要胡来！”

“这个男娃怎么老在灶房里？出去！”

儿童受社会和家庭内的性别分工的影响是从一出生时就开始的，耳濡目染地了解男人是干什么的，女人是干什么的。[②] 正是诸如生活中的这种经常出现的关于“男性应该做什么或不做什么”、“女性应该做什么或不做什么”的观点与现象，使山涧村的青少年儿童从小就明白自己作为男性或女性应该学习做什么。因而，在农业生产活动和家务活动方面的性别分工让不同性别的青少年儿童习得了他们应该掌握的知识与技能。在这种性别分工中，又促进他们对属于自己的社会性别角色的认识，促进了他们性别社会化的发展。

在此，我们暂且不讨论这种分工是否有利于性别平等的问题。我们所要强调的是，从自然的角度而言，男性和女性具有不同的性别，表现

---

① 参见钟敬文主编：《民俗学概论》，上海文艺出版社 1998 年版，第 304 ~ 305 页。

② 参见郑新蓉：《性别与教育》，教育科学出版社 2005 年版，第 115 页。

出不同生理特征——虽然其社会特征是被社会建构的,① 那么，山涧村人便根据男女两性的不同进行截然不同的教育，这也说明他们的教育是遵循“男女有别”的理性的——姑且不论这种理性是否利于女性发展——因而不是无理性的；他们的教育也是有目的的，因为仅仅从性别的角度来说，男性和女性就有不同的教育目的；他们的教育是有计划的，在男性和女性处于不同年龄阶段对他们进行不同的教育。

总之，农业生产活动和家务活动的传承既是一种生计教育，也是一种为“成家”做准备的教育。山涧村人培养青少年儿童参与农业生产活动和家务活动是有计划的，根据不同的农活和家务活动，在青少年儿童处于不同的年龄时让他们学习。在农业生产活动和家务活动的传承中，存在着非常明确的性别差异，因而具有性别认同和性别社会化的作用。至于其是否符合性别平等的理念，是另需要深入探讨的问题，在此不加以详细分析。但是，传承中的性别分工有利于青少年儿童在成家后的家庭生活中扮演好自己的角色，具有促进人生社会化的意义。

① 无论是女性主义者的研究，还是人类学领域诸如米德关于“三个原始部落”的研究均表明了这一点。

第五章

农闲和节日活动中的教育

在山涧村，在人们的生产活动和家务活动之外，还有大量农闲的日子和节日。在这些时间中人们也开展丰富多彩的活动，如唱戏曲、耍社火、剪纸[①]等。

林语堂先生说，倘不知道人民日常的娱乐方法，便不能认识一个民族，好像对于个人，倘非知道他怎样消遣闲暇的方法，便不算熟悉这个人。[②] 林语堂先生的此话所出乃是因为他认为从政经商的人因“政治是污浊的”、“商业是卑鄙的”而受“社会业务的压迫”不能显示出真正的个性，真正的个性只有在毫无拘束的时候才能真正地显现出来。山涧村人没有什么“社会业务的压迫”，他们在生产生活中一直是显露出真正个性的，而且在农闲时间和节日中还可以展现出他们的另外一种风貌，也可以看出他们如何从多个方面教育青少年儿童。

---

① 在当前的学术领域，这些活动通常又被划入“民间文化”的范围之中，但是本书中没有用“民间文化”的表述，而将之划入“农闲和节日活动”中，这是因为：第一，在山涧村，这些活动只有在农闲和节日活动中才有；第二，民间文化并不只是包括这些内容，例如，“农业生产活动和家务活动的传承”部分所分析的谚语也是一种民间文化；第三，笔者认为，“民间文化”是学术领域的概念，而非山涧村人们自己的概念。但是，农闲和节日活动却是山涧村人经常提及的概念。例如，山涧村人会说“闲了时纳鞋垫”，但是从来不说“纳鞋垫是文化”。而本书的结构正是根据山涧村人的生活领域来安排的，因而将分析上述有关活动的内容“命名”为“农闲和节日活动”，而没有称之为“民间文化”。

② 参见林语堂：《吾国吾民》，北京：宝文堂书店 2002 年版，第 299 页。

第一节　农闲和节日时间的安排

顾名思义，农闲活动是在农闲时间开展的活动。而农闲时间是开展农业活动之外的时间。因而，显而易见的是，农闲活动与农业生产具有紧密的联系。

节日活动也与农业生产活动具有紧密的联系。拿一年中最为重要的“过年”这一节日来说，从字面意思来分析，“年”是标志农业生产的字，《说文解字》说“年，谷熟也”。后来，“年”发展为时间段落标志，逐渐产生了过新年的习俗。① 与过年最为紧密相连的“岁”，原来表征一种斧砍削类工具，用来收获庄稼。当时，农业是一年一熟制，每年收获一次。收获之后，人们用这种工具杀牲口祭祀，“岁”又成为该祭祀的名字。慢慢地，“岁”又成为时间段落标志，成为年岁的岁。②从实际情况来看，春节（过年）是我国一年中比较寒冷的时节，农作物不需要太多的时间管理。在山涧村，此时田间种植的主要是小麦，但是只需要施肥和锄草等方面的管理。虽然管理很重要，但是并不需要太多的时间。因而，春节这段时间是一年中比较轻闲的时间。

其他的节日，有的也与农业生产活动具有联系，如清明节；有的则完全就是根据农业生产的时间情况而来的，例如忙罢会等。由此可以看出，节日时间与农闲时间是紧密相连的，节日一般处于农闲时期；节日活动与农闲活动也不是截然分开的，而具有紧密的联系。这也是本书将节日活动与农闲活动安排在一起的原因。流传于县内的一首《节俗歌》也较为全面地反映了山涧村一带的岁时节日情况。

正月初一过大年，家家户户吃细面。
烧香火、拜祖先，男女老少新崭崭。
正月初二丈人喜，备办酒席待女婿。

①② 参考陈连山：《春节风俗的历史起源、社会功能和文化意义》，载中国民俗学会和北京民俗博物馆编的《节日文化论文集》，学苑出版社 2006 年版。

初五以前拜年忙，又散果果又散钱。
初六以后灯笼红，舅提灯笼外甥迎。
过了初八耍社火，高跷芯子花样多。
正月十五闹元宵，狮子竹马带高跷。

二月初二龙抬头，家家户户炒豆豆。
三月里来是清明，清明拜祖祭坟茔。
四月将尽麦梢黄，女办厚礼去看娘。
五月里来五端阳，请包粽子送女尝。
六月初六好日头，姑娘媳妇晒丝绸。
七月初七逢庙会，邀朋结友去看戏。
八月十五月儿明，万家欢聚吃月饼。
九月九来送枣糕，外婆送糕外孙挑。
腊月初五过五豆，五谷杂粮蒸豆粥。
初八吃了腊八面，娃娃拍手待过年。
廿三晚上烙灶馍，杀猪宰羊办年货。
除夕坐夜人团圆，锣鼓咚咚又一年。①

第二节　节日和农闲活动与教育

钟敬文先生主编的《民俗学概论》一书指出，传统节日不仅具有鲜明的农业文化特色，节日井然有序地分布在一年四季，顺应岁时节候的变化，应和着农业生产的节奏，张弛有度、自然和谐，还具有深厚的伦理观念和人情味，通过节日，从中可以真切地体验到一种血浓于水的骨肉亲情，从而产生一种强烈的认同感、亲和力。② 由此可以看出，节日活动本身即是一种“教育内容”，其活动的传承即是一种教育活动。那

① 《咸阳市志》，第 811 页。

② 参见钟敬文主编：《民俗学概论》，上海文艺出版社 1998 年版，第 150 ~ 152 页。

么，就山涧村的节日活动和农闲活动而言，还可以作更为具体的分析。下面试以山涧村农闲时间和节日中的一些活动为例来进行分析。

一、春节

春节是我国人民最隆重的传统节日。这一节日是年与年的分界线，体现了人们的一种时间意识。① 在这一节日中，山涧村人重要的活动有家人团聚、祭拜祖先、亲戚往来、耍弄社火等内容，无论在外多远的亲人，都要回家与家人团聚，同时去邻居家串串门，看看亲戚，体现了对家庭伦理的重视和注重维护亲戚邻里关系。春节期间非常有特色的活动是耍社火，对青少年儿童的发展具有独特的意义，下面对之进行详细分析。

社火具有悠久的历史。有学者认为，社火起源于古老的土地崇拜。"社"指土地神，在祭祀土地神的"社日"举行的歌舞娱乐活动俗称"闹社火"。② 根据《陕西省志·民俗志》记载，其起源于原始社会。在原始社会中，人类要战胜野兽而生存，常在猎兽之后庆贺，或聚会扮兽庆贺，教育后代，以树立智、勇、谋等本领。这就是社火活动的原型。不过，社火最初叫"社伙"，是指大伙儿一起做事。因为，在陕西，农村以村、堡为"社"，"社"即成为陕西乡村民众有组织的自然单位，是一种其他组织无法替代的群众性自发组织。与"社"相关的事称"社事"。③ "有社火鳌山，台阁戏剧，滚灯……喧闹彻旦"。后来，因为"火"在方言中有红火和兴旺的意思，因而"社伙"慢慢地演化为"社火"。④ 可见，不管哪一种观点，均表明社火具有悠久的历史，负载着深厚的文化。

"社火"是一个总称，指芯子、高跷、竹马、旱船、狮子、龙灯等。

---

① 参见萧放：《春节习俗与岁时通过仪式》，《北京师范大学学报》（社会科学版）2006 年第 6 期。

② 参见钟敬文主编：《民俗学概论》，上海文艺出版社 1998 年版，第 367 页。

③ 参见陕西省地方志编纂委员会编：《陕西省志·民俗志》，三秦出版社 2000 年版，第 405 页。

④ 参见王世雄、黄卫平：《黄土风情录》，陕西人民教育出版社 1991 年版，第 183 页。

这些类型均有不同的来历。据说高跷是人类的祖先为采摘树上野果，给腿脚上绑了两根长棍以增加高度，这样可以采集到高处的野果。后来，虽然农业生产活动得到发展，慢慢地人们不再需要以采摘树上高处的野果为生了，但是这种活动却发展成为一种游戏，即高跷。芯子也起源于农业生产，源于人们在参加生产劳动之时把孩子绑在犁把上，或把犁放在犁驮上，随着犁的行进晃动而逗孩子玩；或者把孩子绑在犁拐上，于肩头负起，逗着孩子玩。这样慢慢发展，就演变成了现在的芯子活动。①芯子的玩法是用铁棍搭起骨架，披上彩色的布，这样就布置成一个舞台，即芯子；青年男女或儿童即可以在这个舞台上表演各种角色和造型。

无论是哪一种解释，我们都可以看出，从起源的角度来说，社火与农业生产活动是紧密相关的。但是，经过了数千年，“社火”原始的意义已经慢慢地消失了。那么，重新提及社火有什么样的意义？当我就这个问题向年轻时曾经在山涧村社火活动中担任过较长时间组织工作的村民提出时，他说，

“为啥办社火？社火是祖上传下的！”

从其简单的回答中，可以认为，当结合山涧村人对青少年儿童的教育来说，社火的意义首先在于它是一种有悠久历史的人类活动，其传承即代表一种传统的延续。任何一个民族都不应该忘记自己的历史，不应该忘记历史中曾经产生的各种事象，因而在今天仍然具有向年青一代重新提及社火的必要性。另一方面，在漫长的历史发展中，其已经具有民族和文化的色彩，成为标志我们这个民族的一个重要方面，尤其是在“全球化”的今天，其所体现的民族和文化的色彩尤其具有重要的意义。把作为一种文化的社火传承给青少年儿童，无疑具有加强传统文化教育的作用。

除了具有传统文化教育意义之外，社火的内容还具有指向人生教育的意义。在社火活动的具体内容方面，描绘了多种人物形象，涉及的故事情节有各种类型，如《桃园结义》、《白蛇传》、《西天取经》等，其

---

① 参见：王世雄、黄卫平：《黄土风情录》，陕西人民教育出版社 1991 年版，第 196 ~ 197 页。

中的人物及其身上所体现的是忠诚不贰、扬善弃恶、机智勇敢等精神；《陈世美》则塑造了一个忘恩负义而遭到应有报应的人物。这些人物及其形象给山涧村人留下了深刻的印象，人们常常以此来教育自己的孩子。例如，我在田野调查期间，当村民们说到社火时，经常说年轻人不能学陈世美忘恩负义，而要知恩图报。另有一些内容反映了男女两性的不同人生角色。

社火的开展还具有培养青少年儿童对山涧村的认同的功能。在山涧村，社火的开展有两个特征，一是它是一种常规性活动。无论是在春节中开展的社火，还是在其他的节日中开展的社火活动，由于节日的常规性，社火活动的开展也具有一种常规性。二是它是以山涧村为单位开展的。这两个方面使社火活动培养了青少年儿童对山涧村的认同。

从为社火做准备起，负责社火活动的负责人“社头”就组织起村庄中的人们，分工准备工具（锣、鼓、衣服等）、清理场地等。这样，全村人们分工合作，村作为一个集体活动单位的特征充分显现出来了。

在社火活动中，其所形成的人们对山涧村的认同还更为充分地体现在山涧村与其他村落的比赛中。每年的春节时期，村里人不仅自己玩社火，而且还与周边其他村子相互赠送“社火”，各显技艺。为此，村民们精心准备自己村的社火活动，然后组织人员去其他村吆喝“挑战”；还要为其他村子发出的挑战而备战。送给对方的故事千万不可以是《辕门斩子》等吃败仗之类的内容，这被认为是侮辱人家的。而《将相和》之类的节目则被认为是增进双方的交流、促进双方团结友谊的。在这种与其他村的“交往”中，村民们对山涧村的认同明显地体现出来了，例如回忆起这种社火活动时，村庄里的老人们常常说“××年我村社火……”因而，可以看出，通过这种村庄“集体行动”，山涧村人形成了强烈的对山涧村的认同感。而且，社火活动中的热烈气氛和奔放的情绪所营造的一种群体氛围也是促进人们之间认同感发展的一种极好背景。

社火活动还具有培养人审美素养和身体发展的作用。社火是一种靠扮演、造型、技巧获胜的艺术，它通过各种高难度的动作和严密的构思，演出不同的故事情节，具有较强的艺术感染力，因而可以培养人们对美的鉴赏、创造和表达能力。另外，为了玩好社火，用村里一位老人的话来说，要能“耍好社火，身子要强，脑子要灵，身子也要灵”[1]。为什么这样说呢？社火分大耍和小耍，小耍只有高跷；大耍除了高跷外，还包括最高级别的芯子和亭子，社火中的精华就是最高难度的芯子，通常是在一个专用的桌子上固定有手指头粗、有2~3米高的钢筋，用彩纸在上面做出花和果树等各种造型（造型最高可达13米多），然后按其内容将男女儿童（通常年龄4~5岁）装扮成戏剧人物站立顶端，少则一人，多则十余人，或者并立，或者横卧，或者倒立。所以，耍社火对人们的“身体”和“智力”均提出了一定的要求，参加社火活动对人也具有其他多方面的作用，如有促进人德、智、体、美等方面发展的功能。

二、清明节

清明节是春节之后山涧村的另一重要节日。和全国人民一样，在这一节日之际，人们开展祭拜祖先等活动，缅怀逝去的亲人。

此外，在这一节日中，山涧村人还开展打秋千和放风筝的活动。秋千又叫“鞦韆”，表示揪着藤条、树枝摇动的意思，人们根据秋千荡起的高度和来回摇摆的次数来决定胜负。秋千在南北朝时已经流行，《荆楚岁时记》记载：“春时悬长绳于高木，士女衣彩服坐于其上而推引之，名曰打秋千。”[2] 关于荡秋千风俗的来源，有研究认为是因为人类住进房屋之前，曾经住在树上，因而需要经常利用绳索帮助上下，慢慢地从中演化出了荡秋千的风俗。故“秋千”这一名字可能来源于“揪着绳索而迁移”[3]。另有研究认为荡秋千源于巫术，人们认为荡得越高，谷物也就长得越好。[4] 无论什么样的解释，荡秋千时身体来回摆动，毫无疑问具

---

① 此处的两“灵”分别具有不同的意思，前者是“聪明”的意思，后者是“灵巧”的意思。

② 转引自黄涛：《清明节的起源、变迁与公假建议》，中国民俗学会，北京民俗博物馆编：《节日文化论文集》，学苑出版社2006年版。

③ 完颜绍元：《中国风俗之谜》，上海辞书出版社2002年版，第388~391页。

④ 参见郭泮溪：《中国民间游戏与竞技》，上海：生活·读书·新知三联书店1996年版，第251~254页。

有锻炼身体的作用；在大自然的环境中，众人聚在一起，相互逗乐，比试着谁荡得高、荡得远，其娱乐身心的作用是不言而喻的。

而且，在山涧村，人们认为荡秋千可以免除害红眼病的可能性。在"文化大革命"中，这一风俗因被认为是"迷信"而被禁止。我们在此不探讨其是"科学"还是"迷信"，但是其所代表的浓厚的地域文化心理及调节人们生活的作用是具有意义的。

三、端午节

端午节又名"端阳"、"重午节"、"五月节"、"五月五"、"女儿节"、"诗人节"等。陕西一带因为出嫁的女儿在这个节日要回家，因此也将之称为"女娃节"。"端午节"这一节日有如此多的称谓，这直接说明了其起源的多种说法。实际上也是如此，端午节的起源问题非常复杂，至今众说纷纭，一些学者们为此争论不休。关于端午节的起源，我国著名的民俗研究者高丙中教授作了较为充分和详细的分析。他分析了几种重要的观点：由江绍原先生于1926年提出的"公共卫生说"、闻一多先生提出的"祭龙说"、李亦园先生等人提出的"季节适应说"，其习俗有采用艾菖、艾蒿缠绕各种端午索，吃粽子、划龙舟、姻亲交往等。①

在山涧村，端午节时有很多重要的活动。一个重要方面是亲戚之间相互来往；另外还有插艾叶、吃油糕、戴香包等风俗。以前，有人把艾草编成老虎形状，或者把布剪成老虎形状贴到艾叶上去，戴在胸前，就是香包。香包的形状有很多种，大小不一，小的只有硬币大小，大的有CD光盘那么大。无论是多么大小，人们都可以在上面穿针引线，绣上各种图案。这也是展示女性心灵手巧的一个重要方面。

在山涧村，端午节时还有戴"搓搓"或五色绳的习俗。"搓搓"或五色绳是用各种颜色的丝线搓成的一种花绳打结而成的。将之戴在手腕上或脚腕上，据说这样可以祈求吉祥如意。"搓搓"要戴到六月初六才能解开。在山涧村，人们认为戴上它后可以防止五毒侵害。实际上，这一习俗不仅存在于山涧村，也普遍存在于我国的一些农村地区。《风俗

---

① 参见高丙中：《端午节的源流与意义》，载《民间文化论坛》2004年第5期。

通义》就记载道：“五月五日，以五彩丝系臂，辟鬼及兵，令人不病瘟。”

在进入山涧村开展田野调查之前，当我咨询山涧村一带的人们那里的端午节具有什么风俗时，就被告知，过端午节一定要戴“搓搓”、吃油糕的。

2006 年的端午节，我是在山涧村度过的。在过节之前，村庄里的人们就不断地和我说起他们将如何过这个节日，并为之做准备，我所借住的人家说不戴“搓搓”不吃油糕就是没有过端午节。村小学的老师和村庄的几位姑娘还送我“搓搓”，并要给我戴在手腕上。当我为“这么大岁数还戴这种花花绿绿的东西”而感到不好意思时，发现村小学与我年龄差不多大的一位男教师两只手腕上均戴有“搓搓”，他还举起手腕给我看，说：“我们这里过端午（节）都要戴的，要不怎么叫过端午（节）呢?”

戴“搓搓”等这些现象的出现也是一种独特的地域文化现象。不戴“搓搓”就不算过端午节的说法，体现了人们对地域文化的认同感。

四、忙罢会

端午节前后麦子熟了，就到麦收的时间。在麦收之后，山涧村要举行“忙罢会”，具体的日子没有固定的，视当年的麦收情况而定，总之是在麦子收完后，因此称为“忙”“罢”的“会”。为什么要过“忙罢会”？村民们的解释是，以前的时候人们生活都比较闭塞，彼此之间来往交流不多，而到农忙时来往更少，所以每年定了在“农忙”结束后走动走动，既是联络感情，也是交流一下人们赖以生存的农活情况等等。可见，忙罢会的安排体现了山涧村人闲忙相间的人生态度及重视伦理亲情的价值观。

为了招待客人，在会前的数日，家家打扫卫生，准备客人来时吃的东西。一般中午吃臊子面，下午喝酒吃菜。客人来时视亲戚关系性质也可能会带来一些东西，例如花馍等吃的东西。人们认为谁家聚会时来的客人多，表明这家人亲戚朋友关系多、关系好，因此，村民们很重视过这个会。即使是当前一些家里有人在外工作的，可能的话也在忙罢会之际回家，就是为了与亲朋好友相聚，认为在这样的聚会中面对面的亲情交流是一个电话所不能代替的。

由上述情况可以看出，忙罢会的一个目的是庆祝丰收，并使人们经过农忙而劳累的身体得以放松。因而，可以说通过农闲之时这种娱乐活动首先向年青一代传达了关于生活的一种态度，即在辛勤劳动之外仍然寻找和追求生活快乐的一种乐观和豁达的态度。其次，加强了亲戚之间的交流，由于忙罢会之前的农忙时间中，亲戚之间疏于走动，所以农忙之后则要加强相互之间的来往，这反映了山涧村人们对亲情伦理的重视。此外，忙罢会的另一意义是为了亲戚之间相互总结和交流种庄稼的经验。亲戚之间相互串门，彼此问问麦子收成如何。如果好的话，是什么样的原因，是选种、施肥、浇水等的哪一方面或哪些方面促成的；麦子收成不好的话，也问问原因，或提供关于下一年耕种的建议。

五、日常农闲活动

在山涧村人们的平常农闲时间中，也有丰富多彩的活动。本书选取其中几个方面进行分析。

走亲戚是节日和农闲时间山涧村人的一项重要活动。除了节日活动中的相互来往之外，其他时间亲戚之间也有不同形式的相互来往。有事的时候亲戚之间肯定要走动的，例如碰到哪家婚丧嫁娶的事、小孩的事，哪家有孩子考上中专或大学、有生病的情况，等等。在农闲的时间，亲戚之间没事也相互走动。山涧村人常说，“亲戚亲戚，越走越亲”。亲戚之间的相互来往加强了彼此之间的关系，强化了人们亲情伦理的观念。

串门是山涧村人农闲时间中邻里之间的一项重要活动。山涧村人串门有时有特定的目的，例如咨询邻居们何时种麦子、讨论麦子的长势情况、交流最近集上商品信息、妇女们交流做手工针线活儿的心得等。但是，一些情况下，并没有特定的目的，只是随意东家长西家短地聊聊而已，或者说说笑话。但是，一位村民告诉我：

> “不要小看闲逛。要是在家待着心就慌①。屋外什么事情也不知道。出去逛逛的好处多着哩，一来联络感情，二来沟通信息。”

---

① “慌”大概相当于普通话中的“焦虑”和“着急”。

作家阎连科在关于串门的文学描写中指出，串门是农民精神生活的一部分，是农民相互传递信息的一种方式。……在农村，人们日出而作，日落而息，串门与聊天才把彼此间沟通起来。……这种为了维护精神平衡的文化生活，是乡村文化生活最为重要的形式之一。绝不仅仅是为了借个东西，还个南北。① 据此也可以分析，山涧村人即使没有固定目的的串门也不是浪费时间，而具有丰富精神生活、交流信息、联络感情的作用。也正是在串门的过程中，儿童们加强了对村落的了解，熟悉了村落里的人，增强了对村落的情感。

在串门时，村民们常常并不只是聊天，例如，唱快板就是串门时的一项重要活动。当然，在专门的娱乐活动中，村民们也可能唱快板，例如有关节日的庆祝活动中。快板又叫“谝干板”，是用竹板或鼓点等具有节奏的语言表演的一种艺术。表演时根据节奏打板，但是中间可以“讲些大白话”，即“道白”。快板必须要押韵，这样听起来自然顺畅，朗朗上口，优美动听；在最后一字的拖音上，不翘口，字正腔圆，入耳中听。快板具有极高的文学价值和艺术价值，体现在其多样综合的语体形式、托事指物的唱本抒情、寓庄于谐的笑本说理、定中有变的唱词格律等方面。②

在田野调查中，我多次拜访了一位被一些村民认为“嘴巧”的会说快板的村民。当我第一次和村书记及其爱人说到我想了解当地会唱戏和会说快板的村民时，他们马上向我推荐了这位村民，并且很快帮我联系了她。随后我又多次就快板对其进行了访谈，得知她60多岁，娘家在山涧村北边2500米外的另一个村子。她说小时候爱听别人说快板，听多了，慢慢地就会说了，有时可以根据村庄的新情况自己编些快板。在农忙的间歇，经常说快板给村民们听；而与村民们冬天在炕头、夏天在树荫下聊天的时候，村民们也常常让她说一段新编的快板。

下面一首关于“狼来了”的故事的快板“版本”是她从别人那里学来的：

---

① 阎连科：《串门子》。http：//review. jcrb. com. cn/ournews/asp/readNews. asp? id =97426.

② 参见吴文科：《中国曲艺通论》，山西教育出版社2002年版，第224页。

一个娃娃叫永康[1]　天天放羊在山冈
山冈小曲唱厌了　想听故事没人讲
抬起头来到处望　有人锄草在远方
永康心中暗自想　想骗他们跑一趟
他就张口高声叫　救命救命快打狼
大家听见跑来了　才知上了他的当
永康喜得哈哈笑　众人受到气满腔
这事过了三两天　真的来了几只狼
他又大喊快救命　大家听见不去帮
狼儿拖走羊两只　还有三只受了伤
永康哭哩哭不停　后悔上次说了谎

下面一首关于山涧村作为民俗村的快板是其即兴所编的：

炊事员，手儿巧　样样做的都是好
客人来了能吃饱　技术巧作几样菜
精心调和味道香　饸饹[2]光细长如线
豆腐块块漂在面　辣子浇地红艳艳
馍白如雪真好看　客人一见笑满面
客人吃了夸一夸　做的就像十三花[3]
七个碟子八个碗　整个桌子都摆满

快板不仅是休闲时间和节庆场合的一种娱乐活动，从具体内容来看，第一首快板还具有道德教化的作用。而且，二者均具有独特的文化表征价值。例如，其中使用的词汇如“十三花”、“娃娃”、“辣子”具有山涧村一带地方文化的特点；其中反映出的一些“现象”或“事件”，如“豆腐块块漂在面、辣子浇地红艳艳、馍白如雪真好看”、“天天放羊在山冈”等也具有地方的特点。因而，快板作为一种独特的艺术形式，其本身即具有鲜明的文化色彩。快板的表演还带有地方文化认同的

① 给放羊小孩取的名字。

② 饸饹是山涧村一带所特有的招待客人的一种食物，其上面放有豆腐块和辣椒。

③ 在山涧村，“十三花”是比较高级的一种酒席。

价值。

妇女姑娘们纳鞋垫等手工针线活是串门时的另一重要活动。农闲时，纳鞋垫等手工针线活是女性的一项重要活动。手工针线活是作为女性应该学习和掌握的一个重要方面。解放前，在姑娘找婆家时，则要求“上炕剪子下炕镰”，所谓的“上炕剪子”是指会剪各种窗花、制作衣服等手工活。解放后，剪窗花的技术仍然是影响姑娘找婆家的一个因素。姑娘手工针线活做得好，就会有更多的人上门提亲。因而，女性很小就学习做手工针线活。

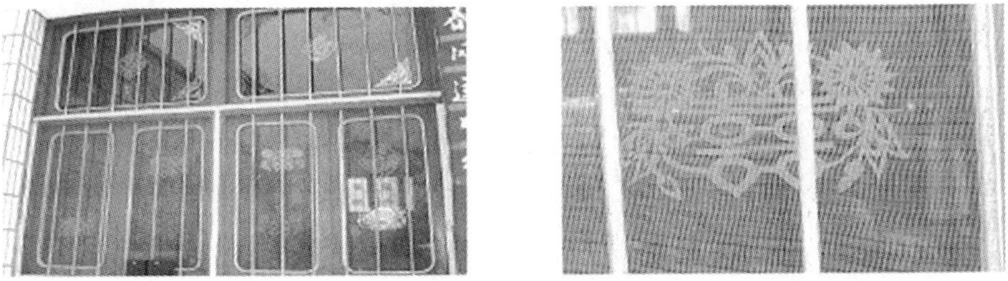

一村民结婚时贴的窗花

做手工针线活是非常讲究方法的。拿做鞋垫来说，将窗纱放在鞋垫上，画出一些小方格，然后根据鞋垫图案的样本，按经纬线的方向数出方格，用不同的线绣出叉叉线。这样做出来的鞋垫针线匀称，绣出的图案很工整，也很结实，非常耐穿，穿两三年都还很结实。此外，人们还在鞋垫上做出不同的图案，例如，囍、喜鹊登梅、猫、月季花等等。最近几年，还有人在鞋垫上绣上“love”等。

可以看出，这些手工针线活并不是很简单的，而且家里大人小孩穿的鞋子、用的鞋垫和逢年过节及红白喜事所需要的各种剪纸等的量也是比较大的，因而需要女性花费很多时间。在农忙时，妇女一般是没有多少时间做这些手工针线活的，即使是在解放前她们不需要下地做活的时候，也要在家做些掰玉米棒等辅助性农活。所以，这些活只有到农闲的时间做。因而，在夏天的农闲时间，妇女们在茶余饭后坐在自家门前或集中坐在某人家门前或院内边纳凉、聊天，边做鞋垫等；冬天，则围坐在炕边边聊天边做手工针线活。人们不仅做当下需要的，有空的话还做以后需要的。拿鞋垫来说，在山涧村，一般人家都储藏十几双或二十来双鞋垫，以备平时用，或者家里孩子或其他人结婚用。只有女性群体参与的特征，具有性别认同和人生教育的作用。这正如山涧村的一位经常给村庄里娶媳妇的人家剪窗花的老年妇女所说：“我小时，在这地方，女娃娃不会剪纸就不是女娃娃。”

农闲时间，大人小孩还经常参加“老碗会”。在20世纪80年代之前，除了合作社时期在“食堂”吃饭的几年之外，山涧村人一般和家里人一起吃饭，边吃边聊天。不过在山涧村，在吃饭的时候，有时，全家人不聚在一起吃饭，大人们趁吃饭的时间到邻居家说些事，或与邻居们聊聊天。有些人就爱端着碗“逛”①，或者在村落的公共地方边吃饭边聊天，如冬天在太阳能够照到的墙角边，夏天在树荫下，边吃饭边聊着家务生产方面的信息或其他内容。由于山涧村的人们吃饭普遍用大碗，因而人们称这种聚集到一起的吃饭形式为“老碗会”。有时，孩子们也端着碗跟着大人参与“老碗会”，边吃边听着大人们说，因而可以了解“老碗会”中所涉及的各方面信息，例如关于农业生产的情况，关于礼节的情况，关于村庄中人和事的情况，等等。下面呈现的是一次“老碗会”② 中的部分内容：

村民一：雪把（苹果）花打没了，今年收成啥啊？

村民二：不一定。雪也把园里的蚧克虫打死了，虫少，收成也会好哩。

村民一：花都没了，还有果子？

村民三：我看今年苹果是没收成了。我家媛媛就要到婆家去，年底又不能指望她给我钱了。日子怎么过呢？

村民一：你这女娃还真是能挣钱哩。不过，娃岁数也不小，（应该）要到婆家了。

村民二：女娃懂事，到婆家还想着你和你婆娘③哩。

……

上述内容记录的是一次平常的“老碗会”谈话的情况。“老碗会”

① 在山涧村，“逛”既包括去别人家“串门”，如山涧村人送别来串门的客人或邻居时常说“闲了再来逛”；又包括在公共场所溜达或无所目的地行走等，如山涧村人常说的“去沟畔逛哩”、“去路上逛逛”等。

② 发生于2006年4月17日。

③ “婆娘”即妻子的意思。

的内容没有固定的，实际上就是人们之间的“闲聊”。但是，“老碗会”本身加强了村民之间的交流，强化了村落关系，很多人成年之后对之记忆犹新，回忆起来感觉很温馨，充满着对村落和村落里人的情感。除此之外，“老碗会”中的谈话包含了苹果种植中有关雪、花、害虫和收成方面的关系的知识，同时也有村庄中一位姑娘即将出嫁的信息。这样的“老碗会”也是村庄的“熟人社会”建立起来的途径之一。所以，无论是一家人一起吃饭，还是村民们端着碗走出家门参加“老碗会”，既可以加强孩子与家人及村落中其他人之间的熟悉程度，也是让孩子了解村庄生活与生产的一个极好机会。一位村民说，不太爱出家门的他正是通过“老碗会”了解了村庄中哪些人是生产能手、哪些人爱吹拉弹唱等信息。

通过上述内容可以看出，在山涧村，通过农闲和节日活动，年长一代向年青一代传达了一种关于生活和人生的闲忙相间的人生态度、一种乐观和豁达的态度，顺便也进行了人生教育。在山涧村的农闲时间中，人们开展了丰富多彩的活动，一些活动本身即是一种教育活动。如富有文化和艺术色彩的社火、快板、剪纸等，这些活动是进行传统文化教育和艺术教育的很好途径，具有形成青少年儿童文化认同和提高他们美的素养的作用。农闲活动具有鲜明的性别差异，男性和女性均参加不同的活动，因而具有性别社会化和人生社会化的作用。

第六章
社交礼节的培养

山涧村人在日常生活中经常提及“树以花果为圆，人以礼仪当先”。山涧村人认为，人活着的最为重要的前提是“礼”，只有这样，人才是人。而且，只有掌握了礼节，才能“懂事”，才能“为人”，即才能成为一个“人”。因而，社交礼节的培养是山涧村人对年轻人进行教育中的一个重要方面。

第一节　掌握社交礼节——“为人”和“懂事”的基础

费孝通先生指出，我国的乡土社会是一个“礼治社会”①。礼对乡土社会的运行具有非常重要的作用，在山涧村也是这样。《淳化县志》记载，“淳之士皆秉礼度义，淳之里皆孝慈于家”②，可见，淳化县的人们是非常注重礼节的。那么，为什么这么注重礼节呢？为此，我请教了山涧村的一位口碑不错的老人。他说：“懂礼节才能行礼节，才能‘为人’。不懂礼节，怎么‘为人’？”不过，在山涧村，“为人”是对大人的要求，那么小孩呢？这位老人说：“小娃也要守礼节，守礼节的娃才是好娃，才是懂事的娃。小时让他们知礼行礼，大了才知‘为人’。”可见，礼节是“为人”和“懂事”的基础。而在山涧村，“为人”和“懂

① 参见费孝通：《乡土中国　生育制度》，北京大学出版社1998年版，第49页。

② 淳化县志编纂委员会编：《淳化县志》，三秦出版社2000年版，第965页。

事”是一个人作为人的最为基本的素质。因而，“知礼行礼”成为一个人作为人的最为基本的要求。

那么什么叫“为人”呢？村民的解释有“上礼”、“处关系”、“处好关系”。这与张百庆在山东济宁的一个村庄进行的关于“为人”的研究有同样的结果。张百庆作出这样的解释是因为，“为人”的首要含义是一个人参与到别人的活动（特别是诸如红白喜事的重大活动）中与他人交往的过程。① 实际上，张百庆的解释只说明了“为人”的一半意思，即“为人”是在与他人的交往中或梁漱溟指出的人存在的各种关系②中的“为人”。但是，就山涧村的情况而言，还有另一半意思没有说出来，即只有表现出合乎一定礼节的言行举止才算是“为人”。因而，“为人”具体化为特定场景下在与他人的交往中或构成的关系中表现出恰当的言行举止。

反之，没有表现出恰当的言行举止的人则被认为不会“为人”。即使是那些读过很多“书”或者做了高官的人如果没有表现出合乎山涧村礼节的言行，也会遭到人们议论的。村庄里有一位人家的一个儿子在西安工作，这个人家的同一宗族的孩子结婚，按照山涧村的礼节，在后者邀请前者的情况下，前者需要回家参加婚礼并上礼的，但是由于其工作较忙，没有赶回来，也没有上礼，这遭到了村民的议论，认为在这件事上前者没有达到“做人”的起码要求。有些情况下，对于那些在镇上、县城或其他地方“工作”被认为更有钱或做官的人，钱越多或官越大，则被要求上更“厚重”的礼才被认为合乎礼节。

对于小孩子来说，他需要遵守一些礼节，这样才算“懂事”。例如，在会说话的时候，家里来了客人要“招呼人”，即向客人打招呼；年龄稍大一点时客人来了请客人就座，给客人倒茶水。如果有一些礼节没有遵守，那么，则被认为是“不懂事”。例如，村庄中我经常去的一户人家有一个小男孩，已经上幼儿园的大班。他很爱看电视，我去他们家时，他经常在看电视，所以经常不向我打招呼，即使我向他打招呼，他最多只是看我一眼，然后继续看电视。他家的邻居也说他从不“招呼

---

① 参见张百庆：《“为人”与“懂事”》，北京大学 1993 年博士学位论文，第 26 页。

② 参见梁漱溟：《中国文化要义》，学林出版社 1987 年版，第 79 页。

人”，路上见到人也是用眼“瞪”着人。我以为他性格内向，因害羞的缘故不愿意向别人打招呼。但是他家邻居说他和其他小孩子一样爱玩，有时还做些调皮捣蛋的事，而并非性格的原因。“不是凉①，疯得很。不招呼人，是不懂事的娃。”由此可见，见了人向人打招呼就是作为孩子应该掌握的礼节。另有一个在上中学的男孩，比较腼腆，家里来客人时常常躲在自己屋子里，既不打招呼，也不帮助家人端茶倒水，常常被家人训斥为“不懂事”。

在山涧村，“为人”的“礼节”涉及很多方面。例如，家庭成员之间的相处，亲戚之间的往来，邻里之间的关系，等等。当一个人在各方面的礼节均遵守的情况下，一个人才算“为人”或“懂事”。如果一个人在哪一个方面有失礼节的话，则有失“为人”的准则或被认为“不懂事”。正是因为这样，山涧村的村民们很注重教导自己的孩子掌握方方面面的礼节。

第二节　培养青少年儿童掌握社交礼节

一、培养不同年龄阶段的青少年儿童掌握不同的社交礼节

在山涧村，处于不同年龄阶段的儿童需要掌握不同的礼节。以家里来客人时的礼节而言，如前所述，当一个孩子会说话时，家里来了客人的话，则要“招呼人”或“叫人”。例如，家里的舅舅来了，孩子要向舅舅打招呼的话，则要说“舅舅来了”；姨妈来了，孩子向姨妈打招呼的话，则要说“姨妈来了”。这个年龄阶段的小孩“懂事”的标志就是见到村里的成年人或家里的亲戚知道打招呼，并且知道怎样向客人打招呼。

① “凉”是性格内向的意思。

山涧村不同年龄阶段儿童对客人应尽的礼节

年龄（虚岁）	对客人应尽的礼节
三四岁	向客人打招呼
七八岁	给客人沏茶倒水，请客人就座等
十六七岁	陪客人吃饭或喝酒（男性）
十八九岁	“过事”的礼节
定亲的年轻人	去对象①家的礼节
待嫁的女儿	婚后在婆家的礼节

儿童年龄到七八岁的时候，家里来客人时，应该请他们就座，并给他们倒水喝；当客人在家吃饭时，应该让客人先吃；吃完饭后，应该帮着家人收拾饭碗。客人在家时，他们不能吵闹，如果吵闹则被认为是非常“不懂事”。到十六七岁时，在吃饭的时候男孩还应该陪客人喝酒。而女孩一般是不可以坐在桌子边吃饭的，坐在桌子边吃饭则被认为是有失礼节的表现。在这个时候，在一些礼节活动中，村里的长辈还有意向年轻人，尤其是父母向孩子说明什么活动中应该送什么礼；对于定亲的年轻男女，当他去自己对象家时，还被告知如何表现出合乎礼节的行为；对于快要出嫁的女儿，家里的长辈还谆谆教导她们如何在婆家表现出合乎礼节的行为。

山涧村人都不希望自己的孩子“不懂事”，因而在孩子处于不同年龄时，就有意识地让他们知道应该遵守的礼节。例如，对于学会说话的孩子而言，家里来了客人，其父母亲或家中其他年长者会告诉他，“叫××”；对于十六七岁的男孩来说，家中的年长者会告诉他有关喝酒的礼节。如果孩子表现出不合乎礼节的方面，家中的年长者会当时指出，或在客人离开后专门地告诉他哪里做得不对，而应该如何表现出合乎礼节的言行举止。

如果一个孩子没有表现出合乎礼节的行为，则被认为是其父母亲没有教导好的缘故，人们会议论其父母。教导自己的孩子会礼节是父母教

① 指一个人的未婚夫或未婚妻。

育孩子的最为重要的内容之一。

20世纪90年代初的时候，一位村民的儿子在外打工，过年回家时，通过媒人介绍与外村的一位姑娘定亲了。过完年定完亲后，这位年轻人又回到打工的地方继续打工。如何能够加强与这位姑娘家的联系，保证这桩婚事顺利进行下去？这位村民想了一些办法，一是自己不时地去那位姑娘家，与姑娘的父亲加强联系；另一方法是让自己在外打工的儿子不时地写信给姑娘家。这些方法也是村民们认为通常应该尽的礼节。这位村民的儿子遵照其父亲的嘱咐，写信给姑娘家，但是信中有措辞不当之处，引用了打工所在地表达情感的一些话，也没有表现出对姑娘父母亲的足够尊重，由此导致姑娘父亲及其家中其他长辈勃然大怒，认为这位年轻人不懂礼节，并认为他的父亲教导不对。这件事情传到村里一些村民的耳里，很多村民们也认为年轻人信中的话说得不对，并议论其父亲没有教导好自己年轻的儿子。一位村民讲述起这件事时评论说："娃娃不知道是娃娃小，他爸不给言传下就是他爸的不对。"

由此可见，山涧村的人们不仅注重培养青少年儿童掌握礼节，而且有目的、有计划地培养不同年龄段的儿童掌握必要的一些礼节。

二、培养青少年儿童掌握礼节的方式

1. 言传身教

山涧村人认识到大人对孩子的成长具有重要的影响。例如，人们常说"龙生龙，凤生凤，老鼠的儿子会打洞"，还经常说"撒什么种子发什么芽"、"有其父必有其子"。所以，人们判断一个人如何如何时，经常会论及其父母亲或祖辈如何如何。而人们在培养青少年儿童掌握社交礼节时，很注重自己的言传身教的作用。

例如，关于喝酒时的礼节，即根据年长、辈分及关系远近等方面因素而依次向别人敬酒。对于这种礼节的习得，一位村民说：

"这个礼哪用教？自小坐饭桌子①吃饭看着就会了。"

---

① 坐饭桌子即坐在桌子边。在山涧村，只有具有一定身份的人才能坐在桌子边吃饭或喝酒，或者说坐在桌子边吃饭或喝酒是一定"身份"的象征，例如成年人、男性等。

所谓的“坐饭桌子”“就会”实是指成人言传身教对孩子的影响，即让孩子在加入到坐桌子行列中时能观摩其他人如何表现从而学习到酒桌上的言谈举止应如何。正因为如此，山涧村人在很小的时候就被允许“坐桌子”，并被教导什么情况下坐什么位置、对不同的人如何敬酒、如何说祝酒词等。

也许我们可以提出，这种言传身教的方法太为平常了，在日常生活的很多领域都存在，有必要进行研究吗？实际上通过反面的例子，我们就可以看出这种方法有多么重要。

> 村里一位年轻人2004年大学毕业后在西安工作，工作后的第一个春节是回家过的。由于其家人认为他既上了大学，而且又在省城西安工作，是整个家庭很荣耀的一件事，因而，家里来客人时让他“坐桌子陪酒”。他以前从来没有在家陪客人喝过酒，一是因为自16岁上高中时就到咸阳，每年春节时在家停留的时间不到一个星期，平时回家的时间少，差不多一个学期回家两次，因而客观来说，和家中客人一起吃饭的时间和机会是很少的；二是因为他性格内向，虽然春节时他在家的几天也遇到家里来客人的情况，并且曾被客人要求一起“坐桌子”喝酒，但是他以自己是学生不会喝酒等理由总是不“坐桌子”。他的父母也考虑他是学生也就随了他。可是，这一次其家人“下命令”，而且他也工作了，不好拒绝。所以，他就第一次和客人一起喝酒。结果，一起喝酒的一位年长者和其爸爸是同辈人，而另一年龄小一点的人却和其爷爷是同辈人。根据山涧村的礼节，他首先应该敬那位和其爷爷同辈的人，但是他根据年龄的“长幼之序”先敬那位尽管年龄大一点却与其爸爸同辈的人。结果，被众人认为他“不懂事”。

从上述事件中可以看出，这位年轻人缺乏前面那位村民所说的“坐桌子”的机会，因而没有学习关于如何喝酒的礼节。实际上，很多礼节只有通过潜移默化的方式才能了解，尤其是诸如这种涉及长幼之序方面的知识，更是需要多看、多体验才能掌握。

盖伊（J. Gay）和科尔（M. Cole）指出，由于一些知识是基于直接经验和人们生活情境而建构的，是通过人们相互之间进行联系而传递的，而非通过“专家”的主张实现，所以传递的过程没有从其背景中分离出来。[1] 那么，也可以说，有些知识也只有在一定的背景中才能传递，脱离了一定的背景就无法传递了。因而，只有在一定的情境中，让青少年儿童通过不断地揣摩和体会，有关礼节的知识才能传递；如果脱离了这种情境，则很难体会和把握什么样的言行举止才符合“礼节”的标准。从这一点来说，这也正是言传身教这种方法的独特功能所在。

2．专门的教导和实践

专门的教导和实践是山涧村人培养青少年儿童掌握社交礼节的另一个重要方式。但是，在山涧村，这种“专门”不是如同学校那样在专门的时间和地点进行教导，而是因时制宜、因地制宜和因事制宜地进行的。例如，家里来客人时，大人要求孩子“招呼客人”，搬凳子或收拾炕请客人坐；吃饭时，让孩子等客人吃完了再吃，不要随意去桌子上夹菜，要以客为主、长为先，等等；等到男孩子到一定年龄，大人则让他坐桌子边向客人敬酒、给客人倒酒[2]，并告诉孩子先要向谁敬酒，然后向谁敬酒，敬酒时该说些什么话，等等。山涧村人认为，让年轻人在“实践”中学习各种礼节才能真正把它们学会。正如一次“过事（即红白喜事）”中一位“大总管”[3] 所说的：

> “把礼节挂在口头上是空的，只有让年轻人经历几次大的场面，他们才知什么是礼节。”

为了锻炼年轻人学习和掌握礼节，这位“大总管”说他当时根据年轻人与主人家的关系等情况，分别安排他们做一些事，并叮嘱他们在执行礼节方面应该注意的事项。他还说，一些年轻人的父母特地找到他，让他安排他们的孩子在一些礼节活动中“操练一下”。所以，可以看出，山涧村人很注意在不同场合有意识地让自己的孩子学习社交礼节。

3．惩罚

当孩子出现有违礼节方面的言行时，山涧村人还采取一定的惩罚方

---

① J. Gay, M. Cole, *The New Mathematics and an Old Culture: The Study of Learning Among the Kpelle of Liberia*. New York: Holt, Rinehart and Winston, 1967. “Impact of Indigenous Knowledge,” in Torsten Husén, T. Neville Postlethwaite (eds.), *International Encyclopedia of Education*, Kidlington: Elsevier Science Ltd, 1994.

② 在山涧村，倒酒一般是到一定年龄的男孩子做的事。

③ “大总管”是指过事活动中帮助主人家全面安排各种事务的人员。

式给孩子纠正。例如，在孩子做错事时讲道理或打。一般先讲道理，没有效果的话则会打。村庄中一位妇女说她自孩子小的时候就告诉孩子到客人家要遵守各种礼节，不要随便拿东西。而其儿子则和我说了他有一次做出有违礼节的事时所受到的惩罚：

一次他和他妈妈去他的一位亲戚家。吃饭的时候，他妈妈因有事而在其他人吃饭时才到饭桌边吃饭，却发现他坐在上席边，并在那里津津有味地吃饭，而他亲戚家来的一位年长者却坐在偏席。他妈妈立即要他把上席让出，结果被其亲戚制止了，说都已经吃饭了就不要再让大家换坐席。后来，他妈妈得知他是想吃摆在上席边的菜，故坚持要坐在那里，而其亲戚家因为他是"客人"就没有制止。等到他和他妈妈回家后，他妈妈不仅狠狠地打了他，而且把其关在屋子里，因为作为一个小孩子坐在上席是不像话的。

说到这件事时，他说："记忆非常深，既是因为痛，又是被关在屋子里憋了一天没有出去玩。但是，后来再也不敢了，并且记住了遵守礼节是非常重要的。"

那么，孩子做出有违礼节的事时，为什么要惩罚他们呢？山涧村这位妇女说：

"我这里人都爱娃。娃不做错事，我没理打他。娃做错事了，给他讲道理，他年龄小，不懂；打他，使他痛，他就会在心里记住做错事了，以后再不敢了。这也是为娃好。"

"娃做错事，我不打他，村里人就议论我，说我不管教。打他是对着哩。"

从中可以看出，惩罚的目的是让做错事的人"记住"错误，以便以后不重犯。伟大的教育家夸美纽斯（J. A. Comenius）说："我们可以从一个无可争辩的命题开始，就是犯了过错的人应该受到惩罚。他们之所以应受惩罚，不是由于他们犯了过错（因为做了的事情不能变成没有做），而是要使他们日后不再犯。"①

因而，惩罚成为山涧村人培养青少年儿童掌握社交礼节的一个重要方法。

---

① ［英］夸美纽斯：《大教学论》，教育科学出版社 1999 年版，第 198 页。

第三节　社交礼节与伦理、互助、长幼之序的价值观

在山涧村人的礼节中，非常强调伦理、互助和长幼之序的价值观。

一、伦理

如前所述，在山涧村，所谓“为人”即是在与他人的关系中表现出恰当的言行举止。可见，社交礼节与关系是紧密相连的。按梁漱溟的观点，人与人之间的关系即伦理，“伦者伦偶；正指人们彼此之相与。相与之间，关系遂生”①。

在山涧村，人们通过多种方式处理好家人之间、宗族之间、邻里之间、亲戚之间的关系。人们之所以要表现出好的礼节，目的就是为了处理好这些关系。在节日和平时的不同时间、不同的人之间遵照风俗，行不同的礼节相互来往，目的就是为了维持和发展这些关系。

例如，在每年最为隆重的节日——春节，来往所需的礼物在春节之前就准备好了。一般来说，一过“腊八”，山涧村人便开始准备年货，磨面、杀猪杀羊、准备蔬菜，这既是为了自己过春节时吃，也是为了拜访和看望亲朋好友或招呼来家里的客人。

大年初一，山涧村人给同一宗族中的人拜年；初二，亲友之间就相互拜年，主要是给老亲戚拜年，初四是给新亲戚拜年。拜年时人们带馍、包子等礼物。初五和初七这两天不拜年，因为初五是“五穷”，到别人家去会把“穷气”带到人家；初七是“人七”，是财神下降的日子，所以应该待在家里等候财神爷到来。

除了春节之外，在诸如端阳节、中秋节和重阳节等节日，亲戚之间也有不同形式的相互来往。此外，一次大的亲戚往来在麦收前后。每年麦子快要成熟的时候，即大概清明节后，出嫁的女儿要带上杏子、馍等礼品，回娘家探望，问候收割麦子的准备情况；麦子收割后，娘家母亲

---

①　梁漱溟：《中国文化要义》，学林出版社 1987 年版，第 79 页。

又带上东西去女儿家探望，以表示关心女儿的操劳和收割麦子的情况。这种往来被称为“看麦梢黄”。即所谓的“麦梢黄，女看娘；麦子上囤囤，外婆看外孙”。为什么要出现这种来往呢？山涧村人认为“亲戚亲戚，越走越亲”，反之，如果亲戚之间不常走动感情则会疏远。而在收麦期间，家家户户都忙着没有和亲戚联络，因而在麦收之前和之后抓紧时间走亲戚，以加强亲戚之间的感情联络。在农忙前后，形成专门的风俗走亲戚，足以看出山涧村人是很重视伦理亲情的。

亲戚之间往来的另外一个方面体现在各种“过事”活动中。在这些活动中，亲戚之间必定要相互往来，相互帮忙。山涧村人也很注重在这些活动中培养自己的孩子关于伦理亲情的价值观念。在我田野调查期间，村子中一户人家给刚出生的婴儿举行“满月”活动，当时，所请的“大总管”在安排事务时没有安排任务给暑假从学校回家的、称呼主人为舅舅的一个男孩。结果这个男孩的妈妈主动叫其儿子去端饸饹。主人开玩笑说“哪里能让大学生端盘子”，这个男孩的妈妈说：

“大学生也是你外侄哩！”

可见，即使是“光宗耀祖”的大学生在与舅舅来往时也应该遵守“舅舅—外侄”这种关系所代表的伦理准则。

二、互助

在礼节交往中，另外一个重要的价值观是互助。山涧村人常说：“亲帮亲，山成玉；亲助亲，土变金。”无论是亲戚之间，还是邻里之间，如果谁家有事，能帮上忙的尽量帮忙，而不讲究什么报酬。

如果一户人家有婚丧嫁娶、造房子、修院子、赶农活等事，村庄里人一请即到，大家相互帮忙和关照着。举例来说，在婚丧嫁娶的“过事”中，由村中一德高望重、具有权威性的人为“大管家”，全盘安排事务，将与过事人家关系较近的男性安排在门前迎宾、采购物品、登记礼账，年轻力壮的男性挑水、端盘子，妇女们洗碗、洗菜，等等。在此，可以以吃早饭时的一些事务安排为例来作具体分析。“过事”时，早饭一般吃的是饸饹，做饸饹时的工序比较多，如加柴烧火、揉面、添面、压面、将压好的饸饹放到锅里煮、将饸饹从锅里捞到凉水里冷却、将冷却的饸饹分到碗里、往碗里浇汤、往碗里加豆腐香菜等。“大总管”

就分别安排每人负责上述一方面，并且安排专人将饸饹端给客人吃，再有专人将客人吃完饸饹的碗拿回。而被安排的人各司其职，使整个过程井然有序地进行着。由上述内容可以看出，正如赫茨菲尔德所说，只消考虑一下普通百姓要应付多么复杂的社会情况，认为不识字的村民也是有理论思维的观点就不值得大惊小怪了。① 而山涧村的村民之所以能够"对付"这么复杂的场面，能够理性地安排这样的活动，与人们注重并实施"互助"是分不开的。在这种互助中，山涧村人非常注重让年轻人参与进来，一般搬运东西的体力活都是安排给年轻人做的。

即使是先前有矛盾的两家，在其中某一家家里有困难时，另一家通常也不计前嫌，而倾力相助。村子里曾经有两户隔壁人家因一件事而吵架，结果彼此不来往。有一次，其中一家的孩子爸爸生病住院，孩子的妈妈到医院护理他，家中只剩下最大岁数才十几岁的孩子。在这期间，邻居家帮助他们家照看牲口，处理其他大人才能做的事等。结果，这促使两家又和好如初。另外，互助不仅体现在亲戚邻居之间的互相帮忙方面，而且日常生活中相互分享和关照也是这种互助关系的进一步发展。例如，谁家有好吃的，如地里长好的玉米，树上早熟的果子，先碾出的新麦面，自家宰杀的羊、鸡等，亲戚或家人从外地带来的吃的东西，等等，也送给邻居们品尝。谁家若有困难，则邻居们相互扶持；谁家有人生病了，邻居们也纷纷来看望，还拿些鸡蛋等"有营养"的东西。

上述人们之间的相互来往和帮助为什么被称为"互助"，而不是一些人类学家研究某些地方人们之间的来往时所提出的"互惠"理论呢？这是因为，山涧村人之间的相互来往和帮助其目的并不是想通过来往或帮助他人而自己从中获得什么，而是因为"我们"之间的某种关系，如亲戚关系、邻里关系、宗族关系等，认为彼此之间"应该"互相帮助。尽管有些情况下可能是为了回报，但是其目的并不是为了让对方下次再帮自己。因而，这种朴素的理念不是"惠"的性质，而是由各种关系所带来的理所当然的"助"。

① 参见［美］迈克尔·赫茨菲尔德：《人类学：付诸实践的理论》，见中国社会科学杂志社编：《人类学的趋势》，社会科学文献出版社2000年版，第12页。

三、长幼之序

是否遵循长幼之序是山涧村人认为是否有“礼节”的一个重要方面。这一点既体现在前述春节期间晚辈给长辈拜年等节日活动中，也体现在日常生活中的方方面面。例如，在路上两人相遇时，年轻人要先向年长人打招呼；家里来客人吃饭时，年长者要坐上席（席是东西方向摆设时，以南方为上席；席是南北方向摆设时，以西方为上席），并且只有长者或主人说开始吃饭，其他人才能吃饭。喝酒时，山涧村人实行“饮磨盘酒”的礼节也是遵循长幼之序的。所谓“饮磨盘酒”，即一个桌子上放两个小酒瓶，每个酒瓶上扣放着一个小酒杯，全桌八人共用这两个酒杯。由一人把酒杯取下，然后倒酒敬给这一桌上的长者，这位长者喝完后，再根据因年长和辈分及关系远近等方面因素而排出的次序依次敬给其他人。根据这种方法给桌上的每个人敬酒，这样如同磨盘轮转，故又称为“饮磨盘酒”。另外，前文所举的即使是当了大学生的侄子也要给“过事”的舅舅家“端盘子”也是长幼之序的一种体现。

在山涧村，由于礼节具有重伦理、互助和长幼之序等方面的特征，因而在对青少年儿童的礼节培养中，也培养他们形成了这些方面的价值观。

第四节　社交礼节与“山涧村人”/“农村人”——社交礼节的认同功能

如前所述，“知礼行礼”是山涧村人认为一个人“为人”和“懂事”的基础。否则，不仅被认为不会“为人”和“不懂事”，而且被认为不是山涧村人或农村人。

例如，以喝酒时的“饮磨盘酒”为例。在一次村里的“过事”活动中，我听说一个故事：

> 有一年春节，打工在外的一男青年回家过春节时向家里人提出这样喝酒很不卫生，因而向其父母亲提出他家来客人时给每个人一个酒杯，结果遭到了其父母亲的拒绝，并受到了批评：“去城里就是城里人？城里人才一人一个杯子，我农村人就这样喝酒！”

可见，人们喝酒时是否实行“全桌两个杯子”的规矩，是被认为是否是“农村人”的一个标志。作为世世代代生活于山涧村的人而言，“农村人”就是对自我的一种认同。如果某人没有被山涧村人看作农村人，那么他就没有被山涧村人看作“自己人”。下面一个关于“喝水”的例子也说明同样的道理。一般来说，家里来客人时给客人倒水用的杯子即是自家人喝水时用的杯子，客人来时，再冲洗一下而已。有些家庭喝水用的杯子即是装罐头或调料等的玻璃瓶，即在吃完里面的东西后将之冲洗而成的。客人来时也用这样的杯子给客人倒水，客人一般不会介意的。这种用自家人喝水的杯子给客人倒水被认为是将客人看作自己人，而客人也应该接受主人这样倒水给自己喝。但是：

> 前几年村庄里一位村民的在外上大学的孩子回到家后，因半年没有回过家，就到邻居家看看。一位邻居因经常听这个孩子的妈妈说他在学校吃不饱，也吃不好，就拿出家里的饼干给他吃，并用她家的杯子倒水给这个孩子喝。结果，这个孩子吃了一点饼干，没有喝水，说“不渴”。但是，在聊天的时候，其爸爸拿着杯子也来到这位邻居家，结果，这个孩子马上要过其爸爸的杯子喝水。

这位邻居回忆起这件事时说，她当时就意识到这个孩子是不愿意用她家的杯子喝水，

> “饼干是干粮，娃娃吃了饼干能不渴？他爸来了就抢杯子喝水哩。是嫌我杯子不干净是真事。我这儿人都这样喝水。娃考上大学就不是我村人啊，不喝就不要他喝。”

所以，用主人家的杯子喝水是被山涧村人接纳的一个重要条件。听说，在那之后，那个男孩的爸爸狠狠地教训了他儿子：“出去念书就成城里人吗？到哪里都是农村人！”

在后来我和那位邻居聊天的过程中，这位邻居的话进一步表明客人是否用主人家的杯子喝水是被山涧村人认为是否是“山涧村人”或“农村人”的一个重要标准。因为，当我和那位邻居说，在一些地方用别人的杯子喝水被认为是不礼貌的，不用别人的杯子喝水才是一种礼节，并问她是如何看待这种现象时，她说：

> “那是你们城里的礼节，我村人就要行我村的礼节。你不是我村人，你喝水用你的杯子就可以原谅。”

在这个例子中，这位大学生因“不用主人家的杯子喝水”而受到其爸爸的教训和邻居的不满。而阎云祥在关于“礼物”的研究中指出，在我国东北一个村落的一次送礼活动中，一个人因想“炫耀”，因而在一次送礼活动中比与其身份一样的人多送了礼金，结果受到了众人的当众羞辱。① 这些例子进一步说明一个人遵守什么礼节规范对他被认同为“什么人”是多么重要。如果他表现出的是合乎“城市人”标准而不是“山涧村人”标准的礼节，那么即使他生长于山涧村，也不被认同为“山涧村人”。

正是由于上述原因，山涧村人很注重培养自己的孩子掌握“山涧村的”社交礼节。培养青少年儿童掌握“山涧村的”社交礼节，其目的不仅是让他们“懂事”、学会“为人”，也是培养他们成为“山涧村人”或“农村人”。

综合上述内容可以看出，掌握社交礼节被山涧村人认为是一个人作为人的基本素养，是“为人”和“懂事”的一个重要基础。因而，山涧村人很注重培养青少年儿童社交礼节的培养；山涧村人对青少年儿童社交礼节的培养是有计划、有目的的，让他们在不同的年龄分别掌握不同的礼节。山涧村人所认同的礼节具有重视伦理亲情、遵循长幼之序、强调互助等方面的特征。由于礼节具有规范、教化的作用，因而通过培养青少年儿童掌握社交礼节，也传承了伦理亲情、长幼之序及互助等方面的价值观念。

博厄斯在为米德的《萨摩亚人的成年》一书所写的“序”中提出，谦虚是人类的共同标准，但是构成谦虚标准的具体内容是不一样的。② 礼节也是许多社会中人们的共同标准，但是在不同的环境中，礼节的具体标准是不一样的。山涧村人也有他们自己的标准。他们认为，青少年儿童应该掌握山涧村一带或农村“认可”的社交礼节，这样才能成为“山涧村人”或“农村人”。所以，掌握“山涧村的”社交礼节还具有培养青少年儿童对自己是“山涧村人”或“农村人”的身份认同以及对山涧村或农村的认同的作用。

---

① Yan Yunxiang, The Flow of Gifts: Reciprocity and Social Networks in a Chinese Village. Stanford, Calif.: Stanford University Press, c1996.

② 参见［美］玛格丽特·米德：《萨摩亚人的成年》，浙江人民出版社 1987 年版。

第七章
成家——山涧村本土教育的目的

成家是山涧村本土教育的目的。从关于为成家做的准备“定亲”和成家的标志“结婚”这两个方面来看，山涧村人在实践针对人成家后的角色的教育。关于角色，社会学家特纳（J. H. Turner）以演员在舞台上的角色进行了说明，“演员在舞台上有明确的角色，社会中的行动者也占据明确的地位；演员必须按照写好的剧本去演戏，行动者在社会中也要遵守规范；演员必须听从导演的命令，行动者也必须服从权势之人或大人物的摆布……不同的演员赋予角色以独特的解释意义，行动者也由于各自不同的自我概念和角色扮演技巧而拥有独特的互动方式”①。而山涧村的人们正是通过这种方式让男性和女性在他们很小的时候就明确自己在成家后的“地位”和应该遵守的“规范”与“互动方式”，以在成家后的生活中扮演好自己的角色。

第一节　成家——教育的目的

李银河认为，在我国农村，培养孩子的成本要到他自立为止。但是，与西方孩子的经济独立就是其独立的标准不同的是，我国农村的孩

① ［美］乔纳森·H．特纳：《社会学理论的结构》，浙江人民出版社1987年版，第430页。

子自立的标准是盖好房子，结完了婚。① 在山涧村也存在着同样的情况。那么，就山涧村人而言，为什么要培养孩子成家？山涧村人认为，对于一个人来说，到了一定的年龄就应该结婚成家，这样子女才算真正成人，成家是一个人一生中最为重要的事情之一。对于父母来说，只有当子女成家，父母对子女的养育任务才算完成。所以，父母应该为自己的子女成家负责。因而，可以说，成家是山涧村人培养子女的一个重要目的。② 我们可以通过下面一个例子来看看成家在山涧村人培养子女的责任中的重要性。例如：

一位村民高中毕业后到县里一家工厂工作，但是因为意外事故导致腿残疾，便回到家中。由于腿的原因，他只能下地做些简单的农活。因为没有其他方面的经济来源，家庭经济每况愈下，这导致他迟迟没有娶到媳妇。为此，其父母很长一段时间说这是他们的"一桩心事"，如果这位村民不娶媳妇，他们对其责任就算没有尽完。后来，这位村民娶了一位精神有点失常的人。其父母非常高兴，说对儿子的责任终于尽完了。

从中可以看出，无论自己的孩子与什么样的人组成家庭，只要他们成家，就可以说父母对子女的培养责任完成了。

这一点还可以通过新的历史时期的新情况来进一步说明。随着义务教育在山涧村的普及以及山涧村的发展，越来越多的孩子可以进入学校上学，并且有些人考上了中专或大学，获得了"国家"工作，如在西安、咸阳等城市工作，或者在县城与镇上的政府机关、一些事业单位或学校工作以及在其他村小学工作。在2000年之前的时候，人们认为有"工作"的人娶媳妇和找婆家的问题是不用发愁的，因此村里人常常说那些孩子有了"工作"的家长就"完成任务"了，即表明"工作"的获得保证了婚姻的实现，而使父母的"任务"实现。

一般情况下，这些年轻人在"工作"之后，因一般年龄小也有十八

---

① 参见李银河：《生育与村落文化：一爷之孙》，文化艺术出版社2003年版，第57页。

② 与"成家"相关的一个方面是"生育"。需要作出说明的是，在有关研究中，"生育"被认为是中国人人生中的一个重要目的，但是，本书所分析的"成家"是教育的目的，而不是人生的目的。

九岁或20岁出头，这时其家人便关注起婚事。人们认为，当有了工作之后，自然就要完成人生最为重要的事——结婚生子。但是，有些情况下，即使是那些有“工作”的人，其找到可以谈婚论嫁的人也不是一件容易的事，于是其父母也因未完成“任务”而着急，同样要请村里人或亲戚及其他朋友、熟人帮忙给自己的子女介绍对象。最近几年典型的例子是那些在镇上或村小学任教的教师的遭遇。他/她们因为有了一份“国家”“正式”工作，因而不甘心找没有“国家”“正式”工作的人，例如外出打工的人（虽然他们春节期间回家，人们也知道他们中的大多数注定“落脚点”还是在村子里，因而没有“国家”“正式”工作的人会选择他们）、做生意的人，常常他们的父母也不允许他们选择这样的人——尽管后者中的一些人工资高于他们。但是，由于他们所处地域的原因，他们的择偶范围主要限于镇上或村子里，在县城及咸阳工作的人一般也不会选择在村小学工作的人，一些情况下可能会选择在镇上工作的人。但是，镇上或村里有“国家”“正式”工作的人非常有限，在考虑人品、外貌、性格等因素的情况下，能够最终相互选中的概率较小。这导致有不少教师在山涧村人认为应该婚嫁的年龄依然单身。对于这些人，其家人依然为其没有成家而着急。例如，有一位女教师，25岁时还没有男朋友，其父母和其他长辈多次对她说“成家”是当时“头等大事”，比所谓的“国家”“正式”工作更重要。这一重要性在男孩子身上也有体现，如前文所述的那位在著名大学上学的男孩，尽管他有志向考研究生，但是其妈妈认为大学毕业的他已经到婚嫁年龄，需要把时间和精力放在考虑成家方面，“考大学就是为了过好日子，好娶媳妇”，所以他的母亲认为娶媳妇比考研究生和所谓的远大前程更重要。

最近几年的情况把上述“情节”又向前推进了一步，但是“成家”依然是山涧村人认为的自己养育孩子的最终目标。前几年，如果一位男性拥有了“国家”“正式”的工作，房子也自然解决，娶媳妇的问题也容易解决。但是，最近几年的情况表明，考上大学的年轻人大学毕业后在获得一份工作的同时并未能够非常顺利地解决如上问题，一个原因就是在当前社会背景下，有了工作未必就有房子和媳妇。据目前情况推测未来，一些孩子正在读大学的父母亲认为，这样的情况仍然会持续，于是一些年轻人的父母亲在供给他们上大学之后仍然辛苦地赚钱以给孩子买房，以便更快地娶媳妇结婚。他们认为他们辛苦地这样做是他们“本分”之内的事情。

从以上情况可以看出，虽然社会环境发生了很大的变化，人们的生活也出现了翻天覆地的变化，但是在养育子女的目的、在关于什么是一个人一生中最为重要的事情方面，人们的观念似乎“雷打不动”，成家依然是山涧村人养育孩子的最终目的。

第二节　成家的准备——角色准备和考察的教育

普洛格（F. Plog）和贝茨（D. G. Bates）对人类学的有关研究进行分析后指出，几乎在所有地方婚姻都包含着某种特定形式的相互经济责任。[①] 而在山涧村，婚姻不仅包括经济责任，还有其他方面的种种责任。责任与角色是紧密联系在一起的。戈夫曼（E. Goffman）曾提出，“与某一特定地位相联系的种种权利与责任”就是角色。[②] 可见，婚姻或为通向婚姻的成家与角色是联系在一起的。在山涧村，人们为了使自己的子女在成家后的婚姻中能够履行好自己的角色，在他们很小的时候就让他们做有关准备。

一、“角色”准备

在山涧村，男性和女性在成家后要担任不同的角色，因而他们在为这种角色做准备方面存在着性别差异。

在此试以女孩的情况来做详细分析。对女孩而言，为“成家”所做的准备主要是两大方面，一方面是做手工针线活，另一方面是做饭。之所以要做这些方面的事情，是因为在成家之后，女性除了生育孩子这一天然角色之外，主要职责就是做针线活和做家务活，而家务活中的一个重要内容是做

① 参见［美］F. 普洛格、D. G. 贝茨：《文化演进与人类行为》，辽宁人民出版社 1988 年版，第 412 页。

② 参见［美］欧文·戈夫曼：《日常生活中的自我呈现》，浙江人民出版社 1989 年版，第 15 页。

饭。所以，这两个方面是影响女孩子以后找婆家的重要因素。因而，山涧村人们根据他们的“角色理论”来培养他们的孩子达到“成家”的要求。

关于针线活，女孩子主要是通过两种方式学习的。一是通过观摩他人而学习。例如，当家中的长辈或同辈姐妹嫂子们在做针线活时，女孩子常常会在一边观看，看她们是如何把一层层的布粘在一起做成布鞋底，纳鞋垫时什么样的图用什么颜色的线，等等。偶尔，她们也想尝试一下自己做时，其他人也会耐心地手把手教，并夸这个女孩子勤快；做得好的话，还被夸为手巧。不过，如果这个时候，有男孩在旁观看，大人们可能会说“男娃去别处玩”，而当男孩看着女孩学做针线活也尝试时，大人们则说“男娃怎么做这个”，或呵斥“不要胡来”。虽然是偶然的观摩，但是从男孩被限制、女孩被允许的区别来看，人们对男女在婚后的角色选择分别有不同的选择偏好。

另一种方式是其他人专门地教授女孩子。传授的人有长辈，如家中的母亲或者如姑姑、奶奶、姨娘等其他女性；也有同辈，例如年龄相差不大的姐妹、表姐妹或村庄上其他同龄人。无论是在什么情况下，针线活的传授均是在女性群体内的。在农闲时间，一些妇女、姑娘经常围坐在一起，冬天在炕上，夏天在院门口或院里的树荫下。她们手里拿着自己的针线，要么在拨着纫锤、搓麻绳，或者在一针一线地纳着鞋底鞋帮或鞋垫，正是在这样的氛围中，其他人向年纪小的女孩子传授如何做好手工针线活。男性一般不愿意进入这样的氛围中，偶尔好奇的男性即使是观望一下的话，也可能会遭到女性们的讥笑。因为，根据山涧村的说法，“这是女娃做的事”。在这种环境中，女性不仅学习了有关针线活的技术，而且还逐渐形成了女性性别意识，了解了社会对女性的角色期待，对于明确自己的社会角色、形成履行角色的社会心理具有重要的意义，因而，女性在一起做手工针线活实际是一种性别角色社会化的机制。通过性别角色的社会化，男性和女性便能够在社会生活中表现出互有区别并与社会期望相符的角色行为。① 在山涧村，正是通过如上的“社会化”，女孩慢慢地习得婚后的角色，为成家做准备。

---

① 参见周晓虹：《现代社会心理学》，上海：上海人民出版社 1997 年版，第 392 页。

不过，女孩也有不愿意做针线活的时候。这时，大人们则会说，

“不会拿针线，大了找不到女婿①!”

“你这样，有男娃要你做媳妇?”

这些话则进一步说明在孩子成长的过程中人们不断防止和纠正性别角色偏差，把年轻人引向所谓正确的角色轨道。

为了让女孩子做好针线活，山涧村在每年的七月初七举行“祈巧节”②。通过这一节日，姑娘们祈求娘娘保佑自己心灵手巧，什么缝衣服、剪花、做鞋、做饭的事都能做好。参加这一节日活动的均为村里年龄比较大的姑娘们。她们在这一天的中午就开始整理先前从野外找回的蒿子等植物的秸秆等，用绳子将之扎成一个与人的形状一样的草人，然后给草人穿上红红绿绿的女式衣服，最后用糨糊在草人的头部和面部糊上白纸，再用墨在白纸上画眉毛、眼睛、嘴巴、鼻子、耳朵等，并且用彩色给草人化妆。画好的草人被称为“巧娘娘”。然后再在这个“巧娘娘”周围挂上用布做成的帐篷，这样，准备工作就完成了。到傍晚的时候，将香案摆好，然后点燃蜡烛、烧香、磕头。在烛光快要灭时，姑娘们做穿针、剪花、裁布等各种各样的活，同时口中念着或唱着：

巧娘娘，赐巧来，核桃枣儿献上来。快把巧娘迎出来，红绸绿缎摆出来，递把剪子你绞来，递把尺子你量来，五彩金线送的来。教我描龙绣花来。千句万句为祈巧，请你把巧手传给我。

这样一边穿针、引线、裁剪、刺绣，一边或念或唱，直至深夜。

《陕西省志·民俗志》将这一节日记为“乞巧”，并且介绍了林杰描绘这个节日的《乞巧诗》：“七夕今宵看碧霄，牵牛织女渡河桥。家家乞巧望秋月，穿尽红丝万几条。”③ 同时，还记载了一首《乞巧歌》：

---

① “女婿”即“丈夫”。

② 山涧村不会识字的和会识字的妇女均只读出 qi qiao 的音，并不知道其如何写。她们解释 qi 是“许愿”、“想要”的意思，qiao 是“巧”、“灵”的意思。淳化县文化馆一位工作人员说 qi qiao 应该是“祈巧”，即“祈求巧手”的意思。从意思上来说，山涧村妇女对 qi qiao 的解释与文化馆这位工作人员的解释是一致的，因而，本文用“祈巧”来代表山涧村人的 qi qiao。

③ 陕西省地方志编纂委员会编，《陕西省志·民俗志》，三秦出版社 2000 年版，第 270 页。

七月七，乞巧节，梧桐开花香四野。
花儿开，树儿摆，快把七姐接下来。
七姐姐，下凡来，尺子剪刀都拿来。
尺子量，剪刀响，精心裁剪新式样。
我给七姐献蜜桃，七姐教我缝旗袍。
你给七姐献李子，七姐教你纳底子。
她给七姐献南瓜，七姐教她学绣花。
瓜桃梨儿枣，年年来乞巧；
谁个手艺高？明年七夕瞧！①

可以看出，无论是“祈巧”还是“乞巧”，其所表达的意思是一致的，均是女孩子为自己祈求“心灵手巧”。通过这样的活动，又进一步强化了女孩子做好手工活的角色意识。

二、定亲——角色扮演的考察

在山涧村，一般来说，到十六七岁或十八九岁的时候（不同的年代稍有不同），男女青年如果没有上学的话，家人就开始考虑给孩子找对象的事了。

一般的方式是孩子的父母亲托付家里的亲朋好友或熟悉的邻居说“给我娃瞅个媳妇”、“给我女娃瞅个下家”，以让他们帮助给自己的子女找个“女婿”或“媳妇”。有些人认为某一家的儿子和另一家的女儿合适成为“一对”，就上门来说亲。还有父母看准了哪家的儿子或女儿，就托某一人作为媒人去对方家说亲。在山涧村，媒人是年轻人找对象过程中的一个重要人物，所谓“天上无云不下雨，地上无媒不成亲”。无论是媒人给别人家的孩子找对象，还是父母在为自己的子女选对象时一般均会考虑两家是否“门当户对”，男女两人的生辰八字是否合适。之所以考虑“门当户对”，是因为，用村庄一位正托人给其女儿找婆家的

① 陕西省地方志编纂委员会编：《陕西省志・民俗志》，三秦出版社 2000 年版，第 272 页。

妇女的话来说，这样以后“过日子才牢”。一个“牢”字传达了山涧村人希望通过“门当户对”的婚姻使子女婚后的生活稳定的愿望。

如果两家门当户对，男女两人的生辰八字合适的话，那么就由媒人联系双方父母、男女当事人或家中其他人相见，即男女双方和家中人彼此见见对方及其家人如何。在山涧村，这一过程被称为“遇面”。“遇面”顺利的话，则准备“看过活”或“成事”，即“定亲”，主要是女方到男方家，看男方家的家庭情况。

除了上述这些方面外，女方家会考察男方的方面包括：家庭背景如何，尤其是经济状况如何；男方的人品，是否诚实，是否勤快；男孩子的身体状况，一般认为这是男孩子做农活的基本条件；男方的个人能力，改革开放前主要看做农活的能力如何；改革开放后如果男孩学了某项手艺，有一技之长，或外出打工能够挣到钱，那么则会增加被女方“相中”的可能性。而男方家选择媳妇，要看其是否心灵手巧，例如是否会做针线活或做家务事；身体长得如何，这关系到女孩以后生育孩子的情况。

在这之后，男女双方还要相处一段时间才结婚。在这段时间中，男女双方及双方家人要进一步考察对方如何。在解放后男女双方结婚之前不能见面的风俗被破除后，男方要给女方家做农活，尤其是农忙的时候。无论多么忙，男方都要为女方家做农活，以向女方家人进一步“显示”其做农活的能力。而女方要给男方织毛衣、做鞋垫等，以此表示其心灵手巧。从中可以看出，无论是男性还是女性，在他们很小的时候所做的有关准备是多么的重要。

第三节　结婚——角色强化的教育

男女双方相处到一定阶段，或子女到一定年龄后，就到了“谈婚论嫁”的实质性阶段，以为象征成家的“结婚”做准备。但是，结婚不仅是成家的象征，结婚中的下列仪式①进一步强化了结婚的男女双方在婚后应该担当的角色。

一、备嫁妆

在不同年代，女方准备的嫁妆是不一样的。但是，无论什么时期，山涧村人给出嫁的姑娘准备的嫁妆里必有碗、筷子和匙等。村庄中一位于1968年结婚的村民说，在她结婚的那个年代，家里经济状况好的话，会陪嫁一个箱子和一个篮子，里面放碗和筷子；不好的话，只陪嫁一个篮子，但是里面也会装上碗、匙和筷子。这位村民说，她娘家在与山涧村相隔2500米远的另外一个村子，两个村子当时的结婚风俗是一样的。放这些东西既有“民以食为天”之意，希望出嫁的姑娘到婆家不愁吃喝；又有“快生贵子”之意，即希望出嫁的姑娘能够尽快完成生儿育女的职责。

姑娘出嫁的嫁妆——放有碗、筷子和匙的篮子

① 自从20世纪80年代以来，山涧村的婚礼逐渐“向城市看”（一次“过事”的大总管WJH所言），本土仪式已经日趋消失。在我田野调查期间参加的婚礼中，单从服饰来看，新郎和新娘分别穿着西装和婚纱，和我所见过的“城市”中的新郎新娘的服饰没有多大差别。因而，本部分关于本土仪式的资料主要是通过访谈和查阅文献等方式获取的。

二、添箱

添箱主要是女方家的事。即在结婚前一天，女方家请客人来家里吃饭，客人们带上礼品，如衣服、被面、床单、皮箱等，前来庆贺，以补充女方家为出嫁的姑娘准备的嫁妆，因而这一过程被称为“添箱”。

在“添箱”的那一天，还有一件事是，出嫁姑娘的妈妈、姐姐、婶婶等家中年长的女性一一给其“红包”，并叮嘱其到婆家应该好好地做家务，对公公婆婆孝顺，与丈夫和睦相处等。

三、换服

在男女结婚之日，男性和女性均要到家族中的祖坟上去“换服”。具体来说是到祖先坟前烧纸钱和磕头跪拜，并将旧鞋换成新鞋，将旧衣服换成新衣服。其意义是，对于男方来说，是告知逝去的祖先，自己将娶妻生子、传宗接代了，延续祖先的生命，光耀家庭的门第。对于女方来说，即是告知逝去的祖先，自己将离开这个家庭，嫁入另一家庭中开始新的生活；到新的家庭中将好好地做事做人，不给祖先丢脸。

四、递花红

新郎接来新娘到自己家大门口时，由全命①婶婶将名叫“花红盒”的一个盒子从上方位置递给新娘。盒内装的是核桃和枣，盒盖上放着用红绸包的尺子和剪刀。放着核桃和枣的寓意是希望新娘尽早生孩子。而尺子和剪刀则是表明新娘从结婚这天进夫家开始，就要纺织持家、量体裁衣，为一家老小准备衣服、鞋子、鞋垫等。通过这种仪式，明显地说明，在新娘嫁入新郎家时，新郎家人即向其告知其以后的角色：养育孩子和操持家务。而由婶婶来向新娘“告知”，是因为婶婶作为已经嫁到男方家庭中的女性，其本身就是新娘以后的仿效对象，因而由婶婶来递花红，具有“现身说教”之意。选择“全命”婶婶的原因则是进一步希望以后新娘能够既生男孩又生女孩。

---

① 指夫妻健在、儿女双全的人。

五、观魂

在递花红过后，紧接着祭祀祖先。送新娘的人引着新娘到设在灶房里的灶神前烧香，以向灶神报到祈福，说明家里又增添了一口人，而且是新的主妇。新娘在灶神前要切面，以表示手艺的高低以及以后作为家庭主妇的能力。如若一次顺畅地切完则表明这位新娘操持家务能力强，如若有停顿或一次没有切开，则表明这位新娘不会做饭，以后难以持家。为了在这种场合一次切好面，有女孩的家庭会在女孩很小的时候就让她们学习切面。

可见，结婚的过程包含了多项仪式，仪式是“象征性的、表演性的、由文化传统所规定的一整套行为方式”①。正是在这些行为方式的“表演”中，进一步强化了结婚的男女双方在婚后应该担任的角色。

① 郭于华主编：《仪式与社会变迁》，社会科学文献出版社 2000 年版，第 1 页。

下　篇

本篇以上篇内容为基础，对关于山涧村本土教育的若干议题进行分析。分析的目的是在第一部分描述和解释的基础上，从山涧村本土教育开展的基本单位、特征、功能和变迁的角度来进一步加强对山涧村本土教育及其价值的认识。①

① 需要说明的是，在本部分的分析中，一些内容是关于本土教育与学校教育进行的对比分析，呈现出了本土教育与学校教育之间的对立、矛盾和冲突的关系。但是，这并不表明本书认为在山涧村本土教育与学校教育之间的关系就是对立、矛盾或冲突的。因为，本书只是对山涧村本土教育的研究，关于其与学校教育之间的关系，也是基于山涧村本土教育而言的。因而，本书中所涉及的二者之间的关系只是二者之间所有关系中的一部分，而并不代表二者之间的所有关系或主要关系。

第八章

本土教育的两个基本单位：家庭和村落

前面论述了山涧村本土教育的多个方面，那么这些方面是以什么为载体开展的？根据对前面有关内容的进一步分析，可以发现山涧村的本土教育是在两个基本单位——家庭和村落中开展的。

第一节　家庭——本土教育的基本单位

在社会学和人类学领域中，家庭被界定为人类社会中由婚姻、血缘关系和抚养关系而形成的亲属间的社会生活组织单位。[①] 杨懋春先生在其著名的《一个中国村庄：山东台头》中提出，在20世纪30年代的台头村，家庭和村庄是人们生活的两个基本群体。家庭作为一个基本群体体现在两个方面：首先作为一个初级经济群体，家庭是一个生产单位，家庭成员为整个家庭而不是哪个成员劳动；其次，家庭作为一个初级礼仪群体，家庭成员共同参加一些仪式庆典。[②]

在山涧村，家庭也是本土教育的一个基本单位，体现在养育、社交礼节的培养、生产技能的传承等方面。在对此进行分析之前，需要了

---

① 参见黄平等主编：《社会学·人类学新词典》，吉林人民出版社2003年版，第68页。

② 参见杨懋春：《一个中国村庄：山东台头》，江苏人民出版社2001年版，第74～101页。

解：在山涧村什么是家庭或山涧村人经常提及的“家”。村民们没有给出直接的答案，但是，他们经常说一家人就是“在一个灶上吃饭”① 的人。在山涧村，这是不言而喻、不需辩解、无可置疑的事实。由此可以看出，一个家对应着一个灶，“灶”是标志着“家”的一个本土概念。家与“灶”或进一步引申的“吃饭”是对应的。由此，家庭也与和“吃饭”相关的养育、生产、经济等方面是相对应的。所以，可以认为，家庭是养育、生产和社交礼仪等方面的基本单位，也是本土教育发生和开展的一个基本单位。

一、家庭——本土教育的基本单位

在山涧村，家庭作为本土教育的一个基本单位，体现在很多方面。

第一，体现在养育方面。当一个婴儿来到世上时，是他所在的家庭供给其吃穿，提供给其身体成长所需要的稳固来源。例如，在婴儿满月时，其家人要带其拜灶神，也即是表明他们家的“灶”今后要供这个婴儿吃饭。所以，家庭是进行“喂养”的基本单位。此外，从前面关于“养育”部分内容的分析中可以看出，诸如儿童的看管等方面首先也是以“家庭”为单位的，即照管儿童的首要责任在于家庭，首要人员也是家人。因而，在山涧村，家庭是进行养育的基本单位。

第二，体现在培养青少年儿童掌握社交礼节方面。这一方面可以用“养—教”对应模式来解释。所谓“养—教”对应模式，是指在山涧村人看来，谁“养”孩子，谁就负有教育孩子的责任。用山涧村人的话来说，“谁给娃娃吃饭，谁教导娃娃”。因此，这一方面是建立在家庭作为基本的养育单位基础之上的。

例如，当一个儿童没有遵守有关礼节和规范时，必定要遭到大人的惩罚。但是，通常也只有家庭之内的人惩罚他，而家庭之外的即使是孩子的最为亲近的人对之也很少给予惩罚，或者即使给予惩罚，也是只使用一定的方式，例如，只是用语言惩罚，而少有体罚。一位村民说：

“自家的娃娃随便打、随便训，我兄弟的娃娃是不能打不能训

① 村里的会计说，户口本上“家”的标准就是实际生活中家中的几个人是否在“同一个灶上吃饭”。请参考第一章“注释”中的有关内容。

的。碰到什么事，看得过去就不管，看不过去再说。”

其原因是：“娃又不是我养大的，我凭什么打他？”

而且不“打”，仅仅是语言惩罚的话，其效力也是有限的。在我田野调查期间，在一户人家做喜事时的吃饭过程中，一个小孩不顾桌边坐着的大人，菜一上桌子就开始吃，其姑姑在他的屁股上轻轻打了下，并说其不懂礼节。这个小孩反驳说：“我又不吃你家的。”上述一些话与山涧村人们经常说的另一些话是相呼应的，即当孩子不听大人的话时，大人采取惩罚措施时就说：“凭什么管你？把你养到这么大，你就得听我话！”由此可见，“养”和“打”或者说“供给吃饭”与“管教”是相对应的，由此形成了一种“养—教”模式。一家人一起吃饭构成了对孩子进行礼仪教育的场所，供给孩子吃饭的大人也因此得到了对孩子进行教育的权利和义务。

家庭作为进行礼节教育的基本单位还体现在，作为一个单位的家庭培养了孩子有关长幼之序、伦理道德、履行社会角色方面的素养。在20世纪80年代之前，山涧村几乎没有一个家庭的一代中只有一个孩子，一般来说有四个或五个孩子。这样，孩子这一辈及其父母辈加在一起，一般有六七人。如若三代同堂或四代同堂，那么，一个家庭中的人数更多。一个70多岁的村民告诉我，印象中他记得村庄上有户人家有17个人“在一个灶上吃饭”。

费正清提出，中国家庭是自成一体的小天地，是个微型的邦国。[①] 在这个“邦国”中，既有上下辈的关系，也有同辈之间大小之分的关系。由此，晚辈是要尊敬长辈的，长辈是要养育晚辈的；年龄小的孩子要听年龄大的孩子的话，年龄大的孩子要照看年龄小的孩子，长幼之序分得很清楚。这种长幼之序从称谓方面就可以明显看出。就上下辈之间的称谓来说，和英语国家的一个uncle可以用来称呼父亲和母亲的所有兄弟的情况不同的是，在山涧村，父亲的哥哥称为“伯”，根据排行称“大伯”等，或者“二爸”、“三爸”，父亲的弟弟称为“叔”，加上排行称为“二叔”等，或者加上排行称为“二大”、“三大”。就同辈而言，

---

① 参见［美］费正清：《美国与中国》，北京：商务印书馆1987年版，第17页。

与英语中一个 brother 既表示哥哥又表示弟弟的情况不同的是，在山涧村，同辈人之间，自己的哥哥或弟弟，对外人说时可以统一称为“兄弟”，但是，在家庭内则区分为“大哥”、“二哥”、“大弟”、“二弟”等。(见表所示) 兄弟之间的这种长幼之序还反映在名字中，如通过“大”、“二”、“三”、“小”等来表示，例如老大叫“大涛”，老二叫“小涛”或“二涛”等；或者老大单名“涛”，老二叫“二涛”或“小涛”。在 2006 年我所看到的户口本上，约有十多户人家的孩子的名字是这样起的。村里一家分别叫“大 ×”和“小 ×”的兄弟俩的哥哥回答我有意问的“谁是老大”时说：

> “这都不知道？我叫‘大 ×’，当然是老大！谁都知道我是老大的！”

当我又说道“你们俩才相差两岁，谁老大谁老二不都一样吗”时，这个哥哥给予的回应中包括这样的话：

> “我是哥哥，我妈妈就让我看着他……每天上学、放学我们一起走，我不让他到路中间走，他就要听我的话。”

称谓与长幼之序：以对家庭内同辈男性的称呼为例

<table>
<tr><td colspan="2">英语中的称谓</td><td colspan="2">汉语中的称谓</td></tr>
<tr><td colspan="2">brother</td><td colspan="2">兄弟</td></tr>
<tr><td rowspan="5">old brother</td><td rowspan="5">young brother</td><td>比自己年龄大的同辈男性</td><td>比自己年龄小的同辈男性</td></tr>
<tr><td>大哥</td><td>大弟</td></tr>
<tr><td>二哥</td><td>二弟</td></tr>
<tr><td>三哥</td><td>三弟</td></tr>
<tr><td>……</td><td>……</td></tr>
</table>

所以，正如列维・斯特劳斯（Levi－Strauss. c.）所说，名字是一个识别标志，它借助一个规则来规定被命名人是一预定类系统中的诞生

地位（statutnatal）的一元。[1]“大”、“小”等排序时时刻刻表明兄弟姐妹之中的长幼之序，也就时时刻刻提醒处于这一“系统”中的老大、老二、老小等自己应该履行的礼仪角色。可以看出，仅仅从称呼上，长幼之序和角色身份等得到了充分的体现和强化。

第三，家庭作为本土教育的基本单位还体现在，人们关于生产活动和家务活动中的知识与技能主要是在家庭范围内习得的。

杨懋春先生指出：“家庭成员集体劳动，他们为整个家庭，而不是为哪个成员劳动。”[2] 由于一个人的劳动是为了其所在的家庭，因而，也就没有外人要求青少年儿童参加生产活动和家务活动，即要求他们参加这些活动的是其家人而非其他的人，进一步而言，是指承担起使他们掌握生产活动与家务活动职责的是其家人。反过来说，如果一个人没有掌握生产活动或家务活动技能，人们则可能说是其家里人没有教导好的缘故，如同前面所述的“养—教”对应模式，即所谓的“子不教，父之过”。

第四，家庭作为本土教育的基本单位还体现在使一个自然人成为一个社会人的方面，即使一个人成家。如前所述，无论男性还是女性，当一个人到一定年龄后，其家人或村庄里其他人或亲戚们就会关注着给其找对象，但是具体找什么样的对象，还是取决于其家人。所谓找对象的标准“门当户对”中的“门”与“户”明确地指出了找对象的两个人其“家庭”状况要“般配”。

二、家庭作为本土教育基本单位的特征和意义

家庭作为本土教育的基本单位，具有以下几个方面的特征：

第一，稳定性。家庭是我国最为稳定的单位，因而，作为本土教育的基本单位也是最为稳定的。这种稳定性保证了一些方面的教育传统得以延续。例如，以家为单位的吃饭，使得通过“吃饭—教育”得以发生和延续，使诸如培养青少年儿童掌握社交礼节的功能也能够实现。

---

① 参见［法］列维·斯特劳斯：《野性的思维》，北京：商务印书馆 1987 年版，第 205 页。

② 杨懋春：《一个中国村庄：山东台头》，江苏人民出版社 2001 年版，第 75 页。

第二，强制性。当一个人刚出生时，作为一个自然人，他的成长在很多方面取决于外界的教育。在某些方面，他可以通过潜移默化的方式得到教育，但是，更多方面他需要他人的专门教导。可是，由于年龄的原因，有时并不是他人教导了就有效果。经常可以听到山涧村的人们告诉我一些青少年儿童在刚学习农业生产知识时，常常因害怕劳累和辛苦而不愿意去学习的情况。在这种情况下，其家里的其他人则通常强制要求他们学习，诸如前面提到的，“不做农活，长大娶不到媳妇”的“恐吓”，或者进行体罚。“打更痛，还不如乖乖地去做农活”，一个村民这样告诉我。可见，正是通过强制的方式，山涧村本土教育的某些方面才得以进行。但是，如同前面所分析的，“打”与“养”是联系在一起的，只有承担起“养”的责任的家人才有“打”的权利，只有家庭内的人才能实施“强制性”教育，所以，在山涧村本土教育中，强制性是基于家庭的本土教育的一个独特特征。

我国传统的“子不教，父之过”又从另一方面强化了这种“强制性”。因为，当一个人表现出受人非议的行为举止的时候，人们常常会说他的父母没有教导好他。因而，在青少年儿童教育方面，这种传统在赋予家庭很大的权利的同时，也就给予其很大的责任。

第三，封闭性。费正清先生认为中国的家庭是一个“邦国”。那么这个邦国在青少年儿童的教育方面具有封闭性的特征。这一点突出地体现在山涧村人经常说到的“别人家的娃管不着”。山涧村的儿童对外人的教导不满时，也会说：“我又不是你家娃，你管什么?”可见，管与不管之间的区别在于是否是一“家”人，即前面所说的“养—教”对应模式。上述话语使山涧村的人们认为，一些情况下“家”外的孩子“不要管”，也让儿童认为“管教”自己的只有“自己”家人。这恐怕是导致一些研究中认为我国的国民性中缺乏公共性或集体意识的原因。①

---

① 从这个角度来说，梁漱溟先生在分析中国人缺乏公共性时所提出的“是中国人倚生家庭家族之由来，此外并不需要其他解释”（参见梁漱溟：《中国文化要义》，学林出版社 1987 年版，第 77 页）的观点正好颠倒了分析的逻辑。

第二节　村落——本土教育的基本单位

在人类学领域，村落通常被认为是我国乡村的基本生活单位或生产单位。如杨懋春先生认为村落是“台头”村人生活的一个次级群体，在许多情况下，亲密的邻里关系超过了家庭意识。日常生活中的频繁接触使许多家庭团结起来，结果整个村庄分成许多与家庭没有关系的街坊或胡同。……小孩子也经常和同一街坊的小孩一起玩。① 再如费孝通先生的观点，即村庄作为一个社区，其特征是，农户聚集在一个紧凑的居住区内，与其他相似的单位隔开相当一段距离，它是一个由各种形式的社会活动组成的群体，具有其特定的名称，而且是一个为人们所公认的事实上的社会单位。② 刘铁梁教授则指出，从结群机缘、组织和生活方式等方面，村落是个实体单位；而且，在物质生活和精神生活方面来说，村落均具有自足的性质。③ 从本土教育的角度而言，本书中的山涧村也是本土教育的基本单位。

一、村落——本土教育的基本单位

在山涧村，村落作为本土教育的基本单位也体现在多个方面。有些内容在前面的内容中已经详细分析，因此在此点到为止。

1. 村落是儿童养育的一个基本单位

从前述关于儿童养育的诸多方面而言，如喂养、看管儿童等方面，村落也是山涧村本土教育的一个基本单位。在此需要重点分析的是，在前面提到，在山涧村存在着家庭—宗族—村落构成的“多级养育”，那么为什么家庭和村落是本土教育的基本单位，而宗族不是呢？就山涧村

---

① 参见杨懋春：《一个中国村庄：山东台头》，江苏人民出版社 2001 年版，第 148～150 页。

② 参见费孝通：《江村经济》，北京：商务印书馆 2001 年版，第 25 页。

③ 参见刘铁梁：《村落——民俗传承的生活空间》，载《北京师范大学学报》（社会科学版）1996 年第 6 期。

的情况来说，在诸如儿童的喂养和看管方面，并不是严格地遵循这三者之间的先后关系。从“养—教”对应模式中可以看出，家庭作为最基本的单位是毋庸置疑的；但是，人们超越于家庭范围时，并不一定是先选择在宗族范围内带孩子“逛”——有些情况下是，有些情况下不是；山涧村儿童也并不是在超越了家庭的吃饭时先选择在宗族范围内的人家吃饭。实际上，有时两家挨着近的，或者有孩子年龄差不多大的，或者大人之间相互关系更好的家庭之间走动更为频繁，但是这样的家庭之间并不一定是宗族关系。但是，无论何种情况下，人们日常活动范围是在村落里的。因此，宗族作为养育中的一“级”是不稳定的，故不能称为本土教育的基本单位。

2. 基于村落的同辈群体影响儿童的发展

由于儿童的玩耍和游戏活动基本上是在山涧村村落范围内开展的，因而同辈群体也是基于村落的。之所以说儿童的玩耍和游戏活动是基于村落的，是因为儿童常常并不是只与家庭内的兄弟姐妹玩耍或做游戏，也不是只与家族范围内的其他孩子一起玩耍和做游戏，而是与超越于家庭和家族范围的村庄中其他小孩一起玩耍。即使一些父母叮嘱自己的孩子不要与别人一起玩耍和做游戏，但是，通常这些孩子因其天性所至，在父母离开后就“忘记”了父母的叮嘱。山涧村一家三代人的“玩伴”“分布”情况也说明了这一点：72 岁的爷爷和 43 岁的儿子及 19 岁的孙子①均说在童年时并不以血缘关系的远近作为选择玩伴的标准，均有在血缘上离得比较远而家又不住在一起的玩伴。这家的爷爷说：

“碎娃时哪里懂关系远近？在一起不闹就耍，闹、打架就不一起。”

“不爱与我兄弟一起耍。……和南头北头的娃娃们在一起很好！”

另外，同辈群体之所以是基于村落的，还因为同辈群体的“成员”只是限于本村村落范围内，一般没有外村的儿童加入到这个群体中。如上述一家三代，除了孙子在邻村有要好的同学为长期性的玩伴之外，三人均很少与邻村的孩子一起玩。这家的儿子说，印象中与邻村的孩子一

① 这些年龄是指 2006 年我进行田野调查时的年龄。

起玩耍的时候是跟在当时刚刚被引入到农村的拖拉机后面观看其耕地。

所以，可以说同辈群体既超越了家庭和家族的范围，又是以村落为边界的。

3. 村落是基本的生产单位和礼仪单位

在生产活动中，尽管家庭是基本的生产单位和礼仪单位，但是，如前所述，村民们还经常联系起来开展一些生产活动。而且，作为一个行政单位的村庄几乎每年都有关于农业生产的“集体活动”，例如栽树、修路等。虽然在血缘上较近的人家也开展一些生产互助活动，但是，通常人们更多的是与邻里之间或平时相互关系不错的人家联合开展生产活动。因此，家庭、亲戚那样的血缘关系并不是生产活动的必要条件，而生产活动的必要条件首先一点便是相互间亲密的关系和感情。①

在农闲和节日活动、社交礼仪活动中，山涧村作为一个基本单位得到了充分的体现。每年的社火总是由全村人一起开展的。如前所述，在向其他村子“赠送”社火或发出挑战时，也是以村为单位的。由此，导致村民们说到社火时，总是说“我村如何如何”这样的话。节日活动中的诸如清明节的荡秋千、祈巧节的祈巧活动、忙罢会等也是全村统一组织的。而在婚丧嫁娶、生辰寿诞等社交礼仪活动中，如前所述，通常也是全村人都参与。2006 年 4 月，我在山涧村参加了一个婚礼，村庄里所有人家均出席，举办婚礼的人家总共摆了 40 多桌的酒菜招待村里人和客人。在一些情况下，一些人家不想“过大事”时，就除了邀请在血缘上具有亲密关系的家庭之外，只邀请居住在一起的左邻右舍。在 2006 年我参加的一个小孩的满月活动中，他们家就“简单过事”，结果前来参加活动的就仅有血缘上具有亲密关系的家庭和他家的邻居，甚至还邀请了他们家 20 多年前住在窑洞时的老邻居。可见，礼仪活动中的村落关系也是基于村落范围形成的。

在山涧村，人们不仅因居住在一起的自然原因的邻里关系而形成了超越于家庭和家族的其他关系，还因兴趣、年龄等方面的共同点而形成了超越邻里的关系。例如，村庄里北头的一位妇女常常到村庄中部位置

---

① 参见张思：《近代华北村落共同体的变迁》，北京：商务印书馆 2005 年版，第 138 页。

的一位妇女那里切磋纳鞋垫的技术，有时她的女儿也跟着一起去。但是，一般均不与村外的人一起讨论纳鞋垫等方面的事。

所以，从上述诸多方面来看，村落均是本土教育开展的一个基本单位。

二、村落作为本土教育基本单位的特征和意义

1. 稳定性

山涧村是从其东边的一个村落分离出来的一个村落，分离的时间是清朝时期。具体时间无从考究，但是如前所述，乾隆四十九年（1784年）所编的《淳化县志》中即记有该村，[①] 因而，可见该村存在的时间有二百多年。所以，作为村落的山涧村是非常稳定的。这种稳定性对于村落范围内某些活动的开展和延续及其对人成长产生的影响具有重要作用，例如社火活动、儿童同辈群体的持续、对山涧村的认同感等方面。

实际上，我国的数以万计的村落大部分是稳定的。因而，这种稳定性对人成长的作用反而容易被忽略掉。当一个村落发生变迁后，就可以发现其对人成长产生的影响则会发生变化。例如，景军通过对一个因修建水库而导致迁移的村落的研究发现，因迁移这个村落人们的文化认同和信仰发生了很大的变迁。[②]

2. 同一性

杨懋春先生认为，村庄的同一性体现在耕种、打谷、贮藏等方法相同，准备喜庆筵席的方法也完全相同。[③] 杨懋春先生指出了生产劳动和礼仪活动这两个方面的同一性。这些方面的同一性在山涧村也得到了充分的体现。例如，在礼仪活动方面，“过事”时一般全村的人均参加，那么在主人如何招待客人、人们之间如何礼尚往来方面，标准基本是一致的，不会出现混乱的情况。例如上的礼一般是钱，普通的邻里之间礼钱为五至十元。再如，以青少年儿童掌握有关生产劳动知识为例。山涧

---

① 参见洪吉亮编：《淳化县志》，淳化县署，1784，“土地记”。

② 参见景军：《神堂记忆》。http：//tsinghua. sociology. org. cn/Default. aspx?PageContentID = 18&tabid = 98.

③ 参见杨懋春：《一个中国村庄：山东台头》，江苏人民出版社 2001 年版，第 139 页。

村在种植作物、生产劳动的互助形式等方面具有全村范围的同一性，人们之间以如何得到别人的帮助来“掂量”如何帮助对方。在日常的生活中，人们之间的来往也具有同一性。例如，有几户挨得很近的村民，每次谁家有什么好吃的，都会送一点给其他几户人家的孩子吃。那么，在具体送哪些东西方面、送多少，几家的标准是大概一致的，一般来说送先熟的苞谷或苹果及在自己亲戚家吃喜酒带回的东西。

这种同一性的教育意义在于使青少年儿童习得的礼节具有稳定性，在社交礼节等方面形成了统一的规范，不会出现混乱的情况；又便于他们在村落范围内掌握的生活和生产方面的知识与经验具有连续性和统一性。这两个方面为生活和生产中的“互助”提供了基础。因为，如果人们在过事礼节方面具有不同的标准，在生产方面使用不同的方法或程序，相互之间就很难达到一致观点，也无法实现你帮我我帮你的相互帮忙。

综合以上内容，可以认为，山涧村本土教育是以家庭和村落为基本单位开展的，家庭和村落成为山涧村本土教育的重要载体。换句话说，如果没有这两个载体，既有的本土教育就很难开展。因而，这两个基本单位的存在是山涧村本土教育得以开展和延续的重要基础。

在当前社会流动越来越快的背景下，在许多家庭中的年轻人走出家门打工或求学、一年只回家一次的情况下，在城市化速度和范围不断增大时，如何保持家庭和村落的传统及基于它们的本土教育，这是值得关注的。

第九章 山涧村本土教育的特征

对山涧村本土教育的进一步认识还需要了解其特征。根据前述有关山涧村本土教育的分析及其他相关材料，我们可以将其特征归纳为下述几个方面。

一、自主性

1. 山涧村的本土教育本身是一个独立的体系

从儿童的身体成长、生活生产技能的掌握、社交礼节的学习到“成家”目的的实现等方面，山涧村本土教育的各个方面是自成体系的。这一体系是独立的，因为在山涧村，从单个人的成长来看，在没有接受山涧村本土教育之外的诸如学校教育的情况下，一个刚出生的人经由山涧村的本土教育完全可以成长为能够适应和参与山涧村生活生产的成员。也就是说，在没有其他方面教育介入的情况下，通过山涧村的本土教育可以把刚刚出生的婴儿培养成为山涧村的合格成员。

2. 山涧村的本土教育是山涧村人自己开展的，培养出的人是认同山涧村的

从儿童的身体成长、生活生产技能的掌握、社交礼节的学习到“成家”目的的实现，山涧村本土教育的各个方面完全是由山涧村人自己开展的。而且，无论是在生产生活方面，还是在社交礼仪方面，山涧村的人们是根据作为一个山涧村人的标准来教育他们的子女的，这使山涧村人可以控制山涧村的本土教育，主要体现在培养人的目的、教育的方式、教育的时间等方面。因而，通过这种教育所教导出的人是认同山涧村的。例如前文所分析的参加社火活动的情况和掌握社交礼节的有关情况。

在此，可以将山涧村本土教育与“国家”办的学校教育进行对比来作进一步分析。山涧村的小学建于1936年，其产生的背景是：1935年，辖山涧村的赤水县苏维埃政府建立。苏维埃政府在建立伊始就强调教育的目的在于提高解放区人民的文化素养，为革命培养力量。因而学校通过冬学、半日班、识字组等进行政治、军事等方面的教育，“战争、生产、教育不分家，学校家庭一疙瘩”①。1949年新中国成立后，学校教育发生很大变化。其中一个重要方面是要求学校教育为社会主义国家培养人才。为此，山涧村小学在教育目的、教育方法等方面也作了相应的改革。②1978年，在全国整顿、恢复教育的背景下，淳化县的《淳化县教育发展规划》颁布，使全县教育有了具体的指导思想，即培养有社会主义觉悟、有文化的劳动者和又红又专的人才；重视向学生进行纪律教育。③ 可以看出，学校教育是村落中的“国家”④，是由国家管理和控制的，其目的是“为国家和社会培养人才”。

如果说，上述目的是存在于“文本”中的目的，那么教育教学实践中的目的与之并没有多大的区别。请看下面的两个例子：

> 例子一：在一节关于孙中山的社会课上，老师讲完书本内容后，让大家说说在了解了有关孙中山的故事后有什么样的感想。学生甲的回答是：“我们今天在宽敞明亮的教室里要好好学习，为祖国贡献自己的力量。”老师回应说：“你的志向真伟大！”学生乙说：“我们要为祖国作出自己应该做的牺牲。”老师回应说：“你能学到为祖国牺牲的品质，真不错！”
>
> 例子二：在村小学每周一次的升旗仪式上，校长发表“我们要学习做什么样的人”的主题发言，他的第一句话即是“我们作为祖国的未来，要做对国家有用的人、对社会发展有用的人……”

从这两个例子中可以看出，教育教学实践中的目的也是“为国家和社会培养人才”。那么，这种由国家办的教育、目的是为国家和社会培养人才的教育，是山涧村人所不可以控制的，培养的人未必对山涧村具有认同感。例如，通过学校教育培养出来的一些人不愿意再回到山涧

①② 参见《淳化县教育志》，淳化县文化馆。

③ 参见《淳化县教育发展规划》，淳化县档案馆，1978年。

④ 参见李书磊：《村落中的国家》，浙江人民出版社1999年版，第4页。

村，相比之下，本土教育才是山涧村人们“自己”的教育。

二、整体性

山涧村本土教育的整体性体现在两个方面：一是指山涧村的本土教育与山涧村的生活生产是融为一体的，不可分割的，其中的一些方面即是山涧村的生活或生产活动本身；二是指山涧村人们关于教育的理论与实践是统一的。

1. 山涧村的本土教育与山涧村的生活生产是融为一体的

这个特征从前述本土教育的诸多方面可以看出。例如，在吃饭时儿童得到的教育必定是与儿童和家中其他人在一起吃饭的情况联系在一起的，在儿童被看管过程中所了解的村庄的人、事、物的情况是与看管他的人带着他串门联系在一起的，青少年儿童在社火活动中所得到的身体、智力、审美、道德等方面的发展是与村庄在春节期间举办的社火活动联系在一起的，等等。

山涧村本土教育的这种整体性特征首先说明，对其理解离不开山涧村的生活与生产。例如，不了解山涧村女孩子不学会做鞋等手工活就不好找婆家，就难以理解农历七月初七“祈巧节”的意义。其次，说明山涧村本土教育赖以存在的基础是山涧村的生活生产。这一点我们可以通过反证法来进一步分析，即当山涧村的生活生产发生变化时，其本土教育也就发生了改变，甚至不复存在。

以儿童与家中人一起吃饭而发生的吃饭时的有关“教育”为例。如前所述，所谓一家人就是在一个“灶”上吃饭，也就常常在同一时间吃饭。在吃饭的时候，是对儿童进行礼仪教育和培养他们家庭伦理观念的重要时间，或者说说村子里的事，农忙时父母也会借吃饭的时间对子女说说有关生产活动情况。但是，随着一些新的因素的介入，儿童与家人在一起吃饭的时间变少了。自 20 世纪 80 年代中期开始，在越来越多的家庭买了电视机之后，这种情况越来越明显。具体来说，有电视的家庭，孩子们常常端着碗到电视机前面边看边吃。刚开始出现这种情况时，大人经常会呵斥孩子，说吃饭还看电视，是“浪费电”。但是，慢慢地，随着收入的增加，人们认为一点电费也花不了几个钱，因而就不再制止孩子了。所以，吃饭时经常出现的情况是，孩子们端着碗到电视机前，而大人们坐在桌子边吃饭；有时，连大人们也端着碗到电视机前，一家人边吃边看着电视，不再如以前一样聊起关于村庄生产和生活等的各种话题了。这样，通过吃饭的时间孩子所了解的不是以前有关生产活动和家务活动及村庄中其他方面各种事务的情况，而是电视中的内容。

在田野调查期间，在儿童不需要上学的时间，我对一个村民家吃饭时全家人是否在一起吃饭的情况进行了观察和统计，在15次的吃饭时间中，有11次该户人家的两个孩子均是在看电视，其中持续7天是在看电视剧。而那段时间，正是苹果树疏花、治虫时节，在吃饭时这家的大人几乎每次都和家里人或邻居说说有关苹果树的情况。在这样的情况下，显然这两个孩子均不可能了解这方面的情况了。

因而，当儿童在电视机前吃饭的时间增多时，与家里其他人在一起吃饭的时间就减少。也就是说，儿童看电视“剥夺”了其与家人一起吃饭的时间。因而，也就“剥夺”了他们在吃饭中可能受到的来自于家人的教育。

假定儿童吃饭时只与家人一起吃饭或只在电视机前吃饭，[①] 那么这种“剥夺”关系见下图：

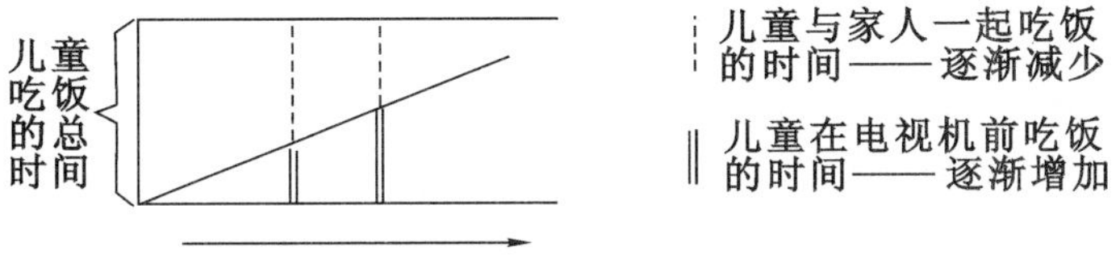

2. 山涧村本土教育的理论与实践是统一的

这一特征也可以从前文有关方面来理解。例如，山涧村的人们认为“人以礼仪当先”，因而就很重视培养青少年儿童掌握必要的社交礼节；他们认为女性在成家后的职责是能够做饭、做针线活，以操持家务，因而，在女孩子很小的时候就让她们学习做饭和做针线活；认为作为山涧村的人，就应该参加村里的社火，所以，每当村里有社火时，他们必定

① 之所以作出这种假定，是因为当儿童上学后，他还经常在学校吃饭，事实上并非每个儿童吃饭时都只有两种情况，即与家人一起吃饭或在电视机前吃饭。作出这种假定的目的只是说明当儿童在电视机前吃饭时，就减少了与家人一起吃饭的时间。

让自己的孩子参加，等等。

这种理论与实践的一致性说明山涧村的本土教育实践在山涧村人们可以控制的情况下，理论就可以通过实践来实现。例如，当认为女性成家后的职责是操持家务时，就可以让家中的女孩子学习家务活以找个好婆家，让其在结婚后履行好自己的职责。再如，做农活是山涧村人的生存之本，尤其是男性娶媳妇的重要“基础”，因而，在男孩很小的时候，他就被要求学习做农活。当然，刚开始学习做农活时是非常痛苦的，为此经常有男孩子采取各种方式“逃避”做农活。一位村民说他小时候就是这样的。但是，常常被父母亲训斥“不做活，大了娶不到媳妇”，有时还要挨打。他说也想过做其他事，但是做什么呢?“不像现在的娃娃，还可以上学；我那时家穷，没钱上学，只有老老实实地下地做活了。”

反面的例子则说明，当教育实践不是山涧村人可以控制的时候，他们的理论就不可以实现。例如，在20世纪80年代中期之后，由于“义务教育”的实行以及经济发展等原因，越来越多的家庭也送女孩子去上学。村民WWJ就是在这种背景下上学的，并且在学校中成绩一直遥遥领先，于1999年初中毕业。由于她的成绩很好，远远高于上高中的录取线，也达到了上中专的分数线。但是，其家人认为WWJ作为一个女孩子，选择上中专，毕业后找份稳定的工作是很好的选择，于是，给她选择了县城职中的师范班。但是，在2002年毕业后，她却没有被“分配”到工作。她便在山涧村附近的一所村小学担任代课教师，每个月的工资为150元。工作了几年后，还没有被“分配”到工作。她嫌代课的工资太低，于是萌发了去西安打工的想法，并且于2005年暑假到西安实现了她的这个想法。2005年秋季学校开学时，她的父母亲屡次打电话给她，要求她回家，因为她已经26岁，应该考虑结婚了，而她现在连“对象”都没有。但是，她本人执意不回家。她的父亲说“将在外，军令有所不从”，最终还是没有说服她回家。

说到这件事时，她的父母亲均说：

> “娃读了点书，识字，又有同学在西安，她就敢一个人去那里打工。要是她不识字，没有熟人在西安，她敢出去？所以，娃读了书，我们就留不住了。更别提托人给她找女婿。”

从WWJ的经历和她父母亲的这番话中可以看出，毫无疑问的是学校教育为山涧村人提供了更多的人生选择。但是，从本土教育的角度而言，学校教育在带给山涧村青少年超越于他们父辈生活范围的东西，如适应城市生活的文化知识和人际关系时，他们的父辈就无法将本土教育的理论应用于对这些年轻人的教育实践中。

三、目的性和计划性

山涧村的本土教育具有目的性和计划性，其主要体现在以下几方面。

1. 体现在生孩子方面

一村民说，她认为曾经在电视上看到的说中国农村人生孩子是“盲目”的评论毫无道理。

> “农村人并不是瞎生娃，没有计划生育的时候，也不要送娃上学，养个娃很容易，就是给口吃喝的。[①]（但是）农村人并不是养娃容易才要娃的，家里娃多总是好事。”

可见，“人多兴旺”也是人们养育孩子的一个目的。这是就没有计划生育政策的情况而言的。那么对于那些在计划生育政策下仍然“违背”政策而生孩子的家庭来说，其目的性就更为明显了。村庄里一位妇女在其儿子已经11岁的情况下决定还要一个孩子，并于2005年生了第二个孩子，为此被罚款2000元。她说年龄大生孩子很累，因而很后悔没有早要第二个孩子。那么为什么到了年龄大的时候还要孩子呢？她说，一直想要第二个孩子的目的是等到她和她丈夫年老的时候可以有更多的“依靠”。显然，“养儿防老”成为其生育第二个孩子的一个重要目的。另外，传统的所谓“传宗接代”养孩子这一目的在山涧村也是普遍存在的。

2. 体现在儿童成长中的各个活动中

例如，在本书中所涉及的“祈巧节”这一活动，是儿童成长中的一个重要内容，是教育意义很丰富的一项活动，是人们有目的、有计划和有组织地开展的。之所以这样说，是因为在每年举行“祈巧节”活动之

---

① 这句话与广为流传的“多一个孩子就是做饭时多加一点水”的论点有点儿相似，但是即使是后者也只是说明“养孩子”容易，而并没有说明养孩子没有目的。

前，举办或参与的人员心中非常明确为什么要举行这一活动，因而有明确的目的；在为这一活动要做哪些准备、让什么样的人来主持、在什么时间举行活动等等方面，人们也做了周密的计划和安排，是非常有计划和有组织的。

在一些表面看来可能没有目的和计划的教育中，也是存在着目的和计划的。如前面提到的儿童的游戏，山涧村人说到儿童的玩耍和游戏活动时，常提到“娃小，就是耍耍”，可见玩耍和游戏活动就是山涧村人认为儿童在其年龄阶段应该做的事。也就是说，对于处于幼年时期的儿童来说，山涧村人为其所计划的任务就是玩耍。

根据关于山涧村本土教育的目的性和计划性的分析，需要对教育理论界有关教育的目的性和计划性的观点进行检讨。教育理论界有关教育的目的性和计划性的分析普遍是从把教育分为狭义和广义这一角度进行的。例如，“广义的教育是泛指一切增进人们知识、技能、身体健康以及形成或改变人们思想意识的活动。狭义的教育是指社会通过学校对受教育者的身心施加的一种有目的、有计划、有组织的影响，以使受教育者发生预期变化的活动”①。《教育大辞典》中关于教育的界定是，教育是传递社会经验并培养人的社会活动。通常认为广义的教育泛指影响人们知识、技能、身心健康、思想品德的形成和发展的各种活动；狭义的教育主要指学校教育，即根据一定的社会要求和受教育者的发展需要，有目的、有计划、有组织地对受教育者施加影响，以培养一定社会（或阶级）所需要的人的活动。② 对于这种分类，有学者提出“有计划、有组织”不能作为区分广义与狭义教育的标准。③ 这主要是从文本和逻辑的角度进行分析的，缺乏经验性的研究，而且只涉及学校教育之外的少年宫教育等，没有对学校教育领域之外的日常生活中更为广泛的教育进行分析。不过，从上述有关山涧村本土教育的目的性和计划性的分析中，可以看出，即使是在少年宫之外的山涧村本土教育的很多方面均是

① 南京师范大学《教育学》编写组：《教育学》，人民教育出版社 1984 年版，第 1 页。

② 参见顾明远主编：《教育大辞典・增订合编本（上）》，上海教育出版社 1990 年版，第 725 页。

③ 参见项贤明：《泛教育论》，山西教育出版社 2000 年版，第123～126 页。

有目的和有计划的。

四、正式性

阿克纳斯（F. N. Akinnaso）认为，本土教育和学校教育一样是正式的，有一些如同学校一样的机构，有与学校活动同样具有正式性的活动。① 在山涧村，本土教育的很多方面也是正式的。例如，“祈巧节”是山涧村一年一度非常正式的一项活动。村里未婚的姑娘们在中老年妇女的带领和“指挥”下，提前为这一活动做准备。农历七月初七，女孩子们会穿着最为漂亮的衣服，打扮得漂漂亮亮的去参加这一活动。一位在山涧村长大、后来去西安工作的老人回忆起小时候偷着观看的“祈巧节”仪式时说：

> “比我们单位的领导会议还秘密，从来不让男娃看。我们好奇，就偷偷地观看。是很讲究程序的，先烧香，然后一个女娃接着一个女娃磕头，还说着些话。搞得比我们单位的会议还正式。”

从这一番话中，足以看出“祈巧节”活动的正式性。

再如，婴儿的“过周岁”活动，参加的亲戚朋友均是穿着最好的衣服、带着特别的礼物到婴儿家的；活动的举行也是在庭院或正屋比较重要的地方举行，而不是随便在哪里都可以举行的；各项仪式活动必须根据一定的程序进行，而不能随意改变先后的次序。“过周岁”活动的这一天，婴儿的家人要请邻居和亲戚到自己家来（而且有些亲戚和邻居是必须要请的，被请的邻居和亲戚也必须要参加），并且根据一定的“规矩”准备吃的东西招待客人。所以，怎么能说这一活动不正规或不正式呢？况且，上述哪一方面或哪几个方面没有根据一定的标准落实，则可能会遭到人们的议论。据说，前几年，一户人家的婴儿“过周岁”活动时，其在县城工作的一近亲虽然受到多次邀请，但是后来因一些原因没有参加，因而被村民认为“不像话”，受到村民很长时间的议论。

根据对山涧村本土教育正式性的分析，也需要反思有关教育的正规教育/非正规教育或正式教育/非正式教育的观点。正规教育亦称“正式

---

① F. N. Akinnaso, “Schooling, Language and Knowledge in Literate and Nonliterate Societies,” in *Comparative Studies in Society and History*. 1992, P. 34.

教育”，指有目的、有组织、有计划、有固定机构与场所、有专职教学人员，对学生进行系统的科学文化知识和思想品德的训练和培养的教育。一般指纳入学制系统的学校教育。[①] 非正规教育亦称“非正式教育”，与“正规教育”相对，指在生产劳动、日常生活过程中，个体从家庭、邻里、工作娱乐场所、图书馆、大众宣传媒介等方面获取知识、技能、思想品德和道德观念的过程……[②]这种正规/非正规或正式/非正式教育的区分及界定是可以质疑的。如果对上述表述进行逻辑分析的话，可以发现，是以学校教育作为标准来确定正式教育的标准，因而，只有学校教育才是正式教育。当我们再以这样的标准来衡量学校教育之外的人类其他教育活动时，当然会认为后者是“非正式”的。马凌诺斯基说，部落、宗族和家庭的构造展示了严格行为和良好习惯，相比之下，凡尔赛宫或埃斯库里尔的生活却是散漫和随便的。[③] 同样，如果我们从山涧村人生活的角度来分析的话，“祈巧节”和男孩 12 岁的赎身活动则是一种正式教育，而学校教育则可能是“非正式”的教育。

五、制度性

制度通常被认为是调节人与人之间社会关系的一种规则或机制。另外，对制度还可以作另外一种解释，即制度是一种体系。[④] 实际上，制度在英语中所对应的词 institution 也具有两种意思，一为规则，二为体系。

以对“制度”的前一种理解来看，“制度化”可以理解为“群体或组织的社会生活从特殊的、不固定的方式向被普遍认可的固定化模式的转化过程”[⑤]。从中可以看出，“制度化”的核心是“普遍”和“固定”，而“非制度化”的核心则在于“特殊”和“不固定”，进一步而

①② 参见顾明远主编：《教育大辞典 · 增订合编本（上）》，上海教育出版社 1990 年版，第 206 页、354 页。

③ 参见［英］马凌诺斯基：《西太平洋的航海者》，华夏出版社 2002 年版，第 7 页。

④ 参见夏征农主编：《辞海》，上海辞书出版社 1999 年版，第 210 页。

⑤ 中国大百科全书总编辑委员会《社会学》编辑委员会：《中国大百科全书 · 社会学》，中国大百科全书出版社 1991 年版，第 477 页。

言，区分制度化与非制度化有两个维度，即普遍与特殊相对和固定与不固定相对。从对制度及制度化的分析中可以看出，诸如满月中的“抓东西”、12 岁时的“赎身”等是每个男孩成长中必经的过程，它们和一年一度的社火和麦收前的亲戚走访及麦收后的“忙罢会”等均具有制度的特征；又如上文所提到的在女孩子“祈巧节”这一活动中的让女孩拜见“巧娘娘”的活动是一种教育活动，这种活动每年都举行，完全具有“制度化”的“普遍”和“固定化”的两个关键特征。实际上，已有学者把儿童养育习俗、亲族生活规范等一些方面归入到“教育制度”中。① 可见，本土教育的上述一些方面也具有制度性的特征。

从对制度的后一种理解来看，山涧村本土教育也具有制度性。例如，作为一名男性，其人生礼仪活动包括在一个月大时的满月活动、一周岁时的满周岁活动和 12 岁生日时的赎身与完灯活动，此外还有结婚礼仪活动和离开这个世界时的葬礼活动。这些活动不是孤立的，而是自成体系的，具有实现完整的人生礼仪所具有的教化功能。再如关于农业生产活动的学习，虽然山涧村人没有“成文”的规定，但是，心中是有一个关于在孩子多大年龄时学习做什么事的“体系”。正是这种体系的存在，保证了山涧村人们将生产经验成功地世代传递下去。

根据上述分析，需要对既有有关教育制度的分析加以反思。当从人类学的视野把被认为是“教育制度的萌芽”② 或“原始的教育制度”③ 的“成年礼”等纳入到教育之中时，也可以说“成年礼”就是一种制度化的教育活动，而不仅仅是处于“萌芽”或“原始”的状态。

综合以上内容可以看出，山涧村本土教育具有自主性、整体性、目的性和计划性、正式性与制度性等几个方面的特征。这几个方面是山涧村本土教育得以存在和发展与持续的重要保证。关于这些内容的分析有助于我们进一步了解山涧村，也有助于我们进一步反思当前的所谓“教

---

① 参见康永久：《教育制度的生成与变革》，教育科学出版社 2003 年版，第 172 ~ 189 页。

② 滕大春主编：《外国教育通史（第 1 卷）》，山东教育出版社 1989 年版，第 18 页。

③ 李国钧主编：《中国教育大系·历代教育制度考（上卷）》，湖北教育出版社 1994 年版，第 70 页。

育”研究。因为，山涧村本土教育的一些特征也是被一些学者认为只有“学校教育”才具有的特征。众所周知，在当前教育理论界，普遍存在的情况是，在关于“教育”概念的研究中，将学校教育归入到“有目的、有计划和有组织的教育”或“正式教育”之列，而将学校教育之外的教育划到“没有目的、没有计划、没有组织的教育”或“非正式教育”之列，导致人们通常在概念上以“学校教育”替代了“教育”这个包括一切教育的概念。正如本书导言部分林耀华先生所指出的情况：现代的人们总是把眼光对准学校，以为学校就是教育，学校的改革就是教育的改革。林耀华先生认为这显然是不全面的。[①] 而本书在分析山涧村本土教育的上述有关特征时，对教育研究领域的相关观点进行了反思。可以说，学校教育之外的诸如山涧村本土教育正是一度被认为是无目的、无计划、非正式和非制度性的。其后果是在教育政策和教育理论指导下开展的或与之相联系的教育实践中，人们通常只关注学校教育，例如，通常以“两基”（基本普及九年制义务教育、基本扫除青壮年文盲）来衡量一个地区的教育发展状况。通常认为“教育发展”即“学校教育发展”，或者反过来说，当某一个地方学校教育发展很好，我们就认为该地方教育发展很好。在上述情况下，诸如本书所关注的本土教育就被忽视了，或者被认为不重要。所以，根据本章关于山涧村本土教育的分析，需要对既有的有关教育理论研究、教育政策实施和教育实践改革进行反思。

---

① 参见林耀华：《致读者》，载庄孔韶：《教育人类学》，黑龙江教育出版社1988年版。

第十章 山涧村本土教育的功能

关于山涧村本土教育的功能，在前文的有关部分已经加以分析了，例如，促进青少年儿童的身体发展，培养他们掌握有关生活和生产技能，养成一定的道德规范，促进人的社会化，等等。本章对其中的两个重要方面进行分析，重点探讨其培养青少年儿童对自我和山涧村的认同功能以及使山涧村经济和文化延续与发展的功能。

第一节　山涧村本土教育的认同功能

在山涧村人们的语言中，从来没有出现过“认同”这样的词，因而，这个词是作为研究者的我所提出的。那么，我为什么要提出“认同”呢？我所指的认同是什么意思呢？

在田野调查中，我经常听到山涧村人说到“我是谁”或“我们是谁”、“我应该……”或“我们应该……”、“我村……”或“我们村……”、“我这里（人）……”的话语。而认同回答的正是“我是谁”或“我们是谁”的问题，是人们自身独特价值的重新确认与建构。① 那么，可以说认同是指遵循共同的价值观念、使用相同的符号理念、表现出共同思维模式和行为规范。因此，我将上述有关问题纳入认同的问题之中。

① 参见［美］曼纽尔·卡斯特：《认同的力量》，社会科学文献出版社 2006 年版。

我在田野调查中隐约地感到、在整理资料中更为强烈地发觉，山涧村人的认同与山涧村的本土教育具有紧密的关系，这种关系突出体现在后者是前者形成的最为主要的原因。

一、山涧村本土教育认同功能的实现

根据前述有关内容可以看出，山涧村本土教育的认同功能是在日常生活中的吃饭、玩耍和游戏、生产活动等方面实现的。

例如，在前面的有关社交礼节部分已经指出，当一个人去邻居家串门时，他是否用邻居家的杯子喝水被认为是否是山涧村人/农村人的标志，这说明培养青少年儿童掌握了山涧村的社交礼节，则有助于促进他们对自己是“山涧村人”或“农村人”的身份认同和对山涧村或农村的文化认同。在一次“过事”活动中，我则碰到人们以是否一人一个茶杯来区分他们自己人和“城市人”。在田野调查期间，我去位于邻村的村小学一老师家里参加其侄子的满月活动。结果，我发现，我所在饭桌放了五个杯子，其中我所在那一方放了两个杯子①，后来得知由于我被认为是“城市人”，因而他们根据“城市人一人一个杯子”的情况来招待我。当我问到既然不是杯子不够用，那么为什么不给每人一个杯子以方便喝水时，被告知：

> “我们农村人就是这样，家里过事时，给每人一个杯子的话，客人会不高兴的，因为这是把他们当作外人了。”

可见，在“过事”中喝茶时是否与他人共用一个杯子，也是决定一个人是否是“山涧村人”的一个重要砝码。所以，对山涧村人认可的礼节的掌握和学习是一个人把自己看作“山涧村人”或“农村人”的一个重要标准。

山涧村本土教育具有认同功能的一个重要原因是山涧村本土教育是基于山涧村的生活和生产而产生的，其中的一些方面本身就是一种文化，例如上述关于喝酒的风俗，因而可以说，在本土教育的实施过程中儿童们就接触并习得了山涧村一带的文化。而文化为人们提供了认同的

---

① 在山涧村，在一般的“过事”活动中，吃饭时每桌八人用四个杯子喝水，即每一方的两人合用一个杯子喝水。

各种符号，如语言、服饰、日用物品、饮食等等方面。共同具有这些符号的人自然会产生一种相互肯定、承认或亲切的感觉，产生“我们是同类人”或“我们是一个地方的人”的心理，自然促进了他们的认同感的产生。可见，他们在教育过程中共同习得的富有地方特色的文化是山涧村本土教育具有认同功能的一个重要原因。

二、山涧村本土教育认同功能实现的条件

要分析山涧村本土教育认同功能的实现条件，我们可以看看这种功能没有实现的情况，进而来分析其没有实现的原因，探讨其实现的条件。

例子一：“两餐制”与“三餐制”。

前面分析了儿童在家中与大人一起吃饭或参加“老碗会”而受到的教育，了解了村落中的状况，有助于他们形成对自我的身份认同和对山涧村的认同。但是，当他们看电视时，就不可能从年长者那里接受上述有关知识。而与看电视相比，学校教育则减少了他们更多的与家中年长者一起吃饭的时间和参与“老碗会”的时间，从而减弱了本土教育的这些功能。

在山涧村，在实行三餐制之前，人们一般在上午和下午吃两顿饭，有时一天中有第三次“吃饭”，但这次吃饭不叫“吃饭”，而叫“喝汤”。因而，山涧村人吃饭的时间与城市或我国其他农村地区的早中晚三顿的时间是不一样的。如果把“喝汤”也算上一顿饭的话，他们这一天三次的“吃饭”时间分别是9:30—11:00（早饭）、14:30—16:00（午饭）、19:30—21:00（喝汤）。这种饮食制度在山涧村以及我国其他一些地区已经存在了很长时间。山涧村人认为这种时间安排与农业生产活动和当地的自然状况具有紧密的联系，因为，在农忙时可赶早晨凉快去做活，而做饭会耽误太多的时间；冬天早晨早起做早饭比较冷，到9点或10点时就不冷了，所以人们一般也是到9点多吃饭。

在以前，学校一天的时间即是根据这样的饮食制度而安排的，即学生一起床不吃早饭即到学校进行早读和早操（夏天是先早操再早读，冬天则反过来）。之后，上两节课；然后回家吃早饭，吃完早饭后再回到学校上四节课；上完四节课后再回家吃中饭，吃完中饭后到学校上课。

2001 年，为了“与全国接轨”，与全国其他一些地方和城市普遍实行的作息制度保持一致，山涧村小学等较大的学校里开灶、专门给老师做饭的时候，就开始实行三餐制的作息时间。而与山涧村相邻的 JCG 等学校因学校较小，没有灶，教师到学生家里吃饭，因而如果实行三餐制的话，则在中午吃饭时，学生家长在地里做农活的话也必须回家做饭，这给他们带来很大的不方便，因而这些学校仍然实行两餐制。2005 年，在国际组织 P 的项目进入到 Y 镇后，认为实行三餐制比较科学，符合人的饮食习惯，就提出调整所有学校的作息时间，实行与“三餐制”相应的作息时间。

就是这样，学校里开始实行三餐制的作息时间制度。但是，很明显，这两种制度的时间安排是非常不同的（具体情况请见下表中两种制度下的夏季作息制度）。

“两餐制”的作息时间

项目	时间	用时（分钟）	中休（分钟）
起床	6：00—6：30	30	
早操	6：30—6：50	20	
早读	7：00—7：40	40	10
第一节课	7：50—8：30	40	10
第二节课	8：40—9：20	40	
放学	9：20—9：30	10	
早饭	9：30—11：00	90	
数学自习	11：00—11：40	40	10
第三节课	11：50—12：30	40	10
第四节课	12：40—13：20	40	10
第五节课	13：30—14：10	40	
放学	14：10—14：30	20	

续表

项目	时间	用时（分钟）	中休（分钟）
午饭	14：30—16：00	90	
语文自习	16：00—16：40	40	10
活动	16：50—17：50	60	
晚读	17：50—18：30	40	
放学	18：30—18：50	20	
办公	19：00		

“三餐制”的作息时间

项目	时间	用时（分钟）	中休（分钟）
起床	6：00—6：30	30	
早操	6：30—6：50	20	
早读	6：50—7：30	40	30
第一节课	8：00—8：40	40	10
第二节课	8：50—9：30	40	20
第三节课	9：50—10：30	40	
数学自习	10：30—11：10	40	
午饭	11：10—14：00	170	
语文自习	14：00—14：40	40	10
第四节课	14：50—15：30	40	10
第五节课	15：40—16：20	40	
活动	16：20—16：50	30	
晚读	16：50—17：30	40	10
数学辅导	17：40—18：20	40	
办公	18：40—20：40	120	

我们可以将分别执行这两种制度的“不上学的人的一天安排”和“上学的人的一天安排”中的吃饭时间进行如下对比：

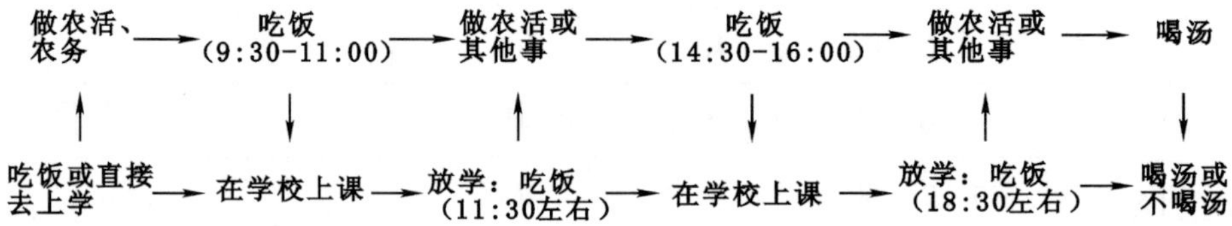

对于这种前后变化，村民们非常不习惯，因为一方面是长期的饮食习惯一下子改不了，例如，早晨不想吃，要是等到孩子中午放学回家吃饭的话，则会饿的。另外，山涧村人习惯于根据“两餐制”的时间安排来做农活，也认为这样的时间安排比较方便做农活。因此，在一些村民尝试了和孩子一起吃饭后，因不能适应而又改为在他们原先的时间吃饭。这样，上学的学生早晨起床先吃一点干粮或不吃饭，然后去上学，到中午回家吃大人在上午吃饭时留下的，下午放学回家后吃一些大人在下午吃饭时留下的。这样，在从周一到周五的时间，大人经常不与孩子一起吃饭。正如有学者指出学校课程表是客观时间的计划表，是本分、严谨、恪守职责的，不容改动。① 学校的作息时间制度又何尝不是这样？正是由于其“不容改动”，导致了本土教育的缺失。

例子二：学生作文中的“我”和“我的家乡”。

村小学三年级的一篇题目为“二十年后的我”的作文中，学生写得最多的是成为教师、警察、歌唱家、公司老板等。例如，一位学生写道：“二十年后，我在宽敞明亮的办公室里办公，操作着笔记本电脑，拿着电话与别人在联系工作。”学生说，这些“理想”是从有关写作文的书中看到的。另外，老师也经常提到“你们好好学习，长大后就可以不用当农民”之类的话。

在一篇题目为“未来的村庄”的四年级作文中，大部分学生提到未来的村庄有高楼大厦、水泥路、人工公园、假山等，例如“公路会变得非常宽阔，在每家每户和每条公路边都安上垃圾桶，人们扔垃圾的时

① 参见郭华：《静悄悄的革命》，北京师范大学出版社2003年版，第178页。

候，就会扔在垃圾桶里，就可保护村庄的环境，在没有人住的地方栽上一些花草树木。我们的村庄就和城市一样”。

在一篇题目为“家乡的秋天”的作文中，一个班级25名学生中有7名写了诸如“秋天到了……我来到田野，稻子笑弯了腰”或“秋天来到，稻子黄了”之类的话，显然所描写的秋天与其从来不种水稻的家乡的秋天是不一样的。因为，在山涧村，从来没有种植过稻子，但是，这位学生说，“书上的秋天就是这样写的，‘秋天，收获季节到了，田野里一片金黄。沉甸甸的稻穗粒粒饱满……’”

山涧村小学生使用的书本上描写“秋天”的内容

教育的发生需要三个方面的要素，即教育者、受教育者和教育内容。从上述内容中可以看出，在前一种情况下，当作为受教育者的青少年儿童在山涧村人们吃饭时缺席的话，本土教育便不可能发生；而在后一种情况下，依然具有地方特色、本来可以作为山涧村本土教育者的山涧村老师和作为受教育者的青少年儿童均“在席”，但是，因为所传授的内容是体现国家教育目的的教育内容，也就是说“教育内容”缺席时，本土“教育”就不可能发生，而且在这种情况下，教师也成为福柯所言的“国家的雇工”。所以，可以说，教育者、受教育者和教育内容这三个方面中的任何一个方面“缺席”的话，都会导致山涧村本土教育的认同功能无法实现。也就是说，这三个方面均存在是本土教育得以发生的条件。

第二节　山涧村本土教育的延续与发展功能

一、山涧村本土教育延续与发展功能的实现

教育对经济和文化等的延续和发展具有促进作用，这是当前教育领域“众所周知”的一个观点。山涧村的本土教育对山涧村的经济和文化也具有延续与发展的功能。

例如，农业生产活动和家务活动的传承具有促进山涧村生计活动得以延续和发展的作用。年青一代通过学习年长一代所积累的生产活动和家务活动等方面的知识与经验，可以促进这种知识与经验的不断传承与发展。实际上，不仅这些活动本身的传承有助于社会的延续，而且如同张思所指出的，伴随着生产活动的是，劳动者之间的共同价值和特殊的社会关系也得到了再确认、再生产。① 所以，生产活动和家务活动中生产知识和经验的传授、生产关系的延续是保持山涧村经济、文化等方面得以延续与发展的一个重要原因。②

二、山涧村本土教育延续和发展功能实现的条件

如同分析山涧村本土教育的认同功能的实现条件一样，在分析其延续和发展功能之前，我们先来看看这种功能没有实现的情况，进而来分析其没有实现的原因，探讨其实现的条件。

例子一：学校教育与本土游戏的延续和发展。

在山涧村，本土游戏得以延续和发展的一个重要途径是上一代人将之传给下一代人，这样一代代地传下去。但是，这种情况在学生接受学

---

① 参见张思：《近代华北村落共同体的变迁》，北京：商务印书馆2005年版，第122页。

② 费孝通先生通过对江村经济进行研究后也指出，“只有通过这样一个过程，一个依赖别人的孩子才逐渐成为社区的一个正式成员。由此，社会连续性得到保障”。参见费孝通：《江村经济》，北京：商务印书馆2001年版，第49~50页。

校教育之后就发生了变化。

说到上学后所开展的游戏情况，一位 1936 年出生的老人说，他小时候的那个年代和他的 1958 年出生的儿子小时候的年代相比，“上学的娃玩的时间肯定比不上学的娃少了”。他是在解放前上的小学，一般一天上两三节课，回家时再做些老师布置的家庭作业，这样白天的大部分时间基本上都用于学校的学习，其他的时间做些家务事或农活，玩耍和游戏的时间明显减少。

解放后的一些年，上学的儿童从每周的周一到周六基本上都在学校上课。自从实行“双休日”制度之后，上学的儿童只需要每周的周一到周五在学校。但是，在这五天之中，学校的课程仍然占去了儿童大量的时间：实行冬季作息制度的话，上学的儿童 7：00 开始早操，然后早读、上课、自习到 11：40 回家吃饭，下午从 13：30 开始到校上自习、上课和参加学校其他活动等到 17：50；实行夏季时间表的话，则早晨及上午的所有日程提前半个小时，这样在 6：30 到校，离校时间是 11：10;下午所有日程推迟半个小时，这样到校时间是 14：00，离校时间是 18：20。无论如何，学生一天在校的时间有 8 个多小时。除此以外，学生每天回家都会有家庭作业需要做。一般学生反映，每天要做少则一个小时、多则两个小时的作业。因而，和以前不上学的孩子相比，儿童大量的时间用于学校的学习，开展本土游戏活动的时间明显减少。

6：30 之前	在家或村落中
6：30—11：10	**在学校**
11：10—14：00	在家或村落中
14：00—18：20	**在学校**
18：20 之后	在家或村落中

在“在学校”的两个时间段中，儿童被从家庭或村落中“剥离”到学校。

儿童的时间分配情况（以夏季学校作息制度为标准）

对于以前不上幼儿园的孩子而言，上学之前除了帮家里做做家务或简单的农活之外，其他的时间都是可以用于玩耍的。但是，村里在 1992 年设立了学前班，有两个年级，这样，孩子在上学之前有两年的时间用于上学前班。当时学前班设在村小学旁边，开设的主要课程就是识字、算术、音乐、美术等。不过，据上过学前班的人回忆，当时的音乐、美术等课程是列在课程表上的，但是基本上不开设，“记不起教过唱歌和画画，一直都是在学认字、学数数，然后就是在院里玩耍”。可是，这种玩耍是不可以出学前班的大门的，只能在学前班的院内玩。院内的面积约为100平方米。在这样的环境下，肯定是没有在开放的环境中或家里、田野里那些丰富多彩的活动的。

2001年村里的学前班撤掉。可是，在2000年前后，镇上陆续开办了多家幼儿园。虽然没有规定要求山涧村的儿童必须上了幼儿园或学前班才能上一年级，但是在对村里12位3～6岁幼儿的调查中发现，只有3位因年龄小幼儿园不收之外，其他9位儿童均在上幼儿园或学前班。那3位的家长均表示如果幼儿园收的话，他们将马上把孩子送去。这些幼儿的家长送孩子去幼儿园的原因是“娃在家玩也是玩，不如送到幼儿园还能学几个字”，“孩子在家没有人管，把他送到幼儿园比较好”，“人家的娃都去了，就把我家娃也送去了”，“人家娃在幼儿园里识些字，就为上学打了个好基础。我娃要是不去上幼儿园的话，没有这个基础，上小学赶不上别的娃”，“娃在家就是玩，去幼儿园可以学点东西”以及“一个学期学费和中午吃饭费用才300元，钱不多”等方面的原因，现在村里很多儿童在三四岁的时候就被送到镇上的幼儿园了。幼儿园安排车子接送：每天早晨，幼儿园的车子在7：00左右到达山涧村，上幼儿园的孩子就在路边等候，车来时就上车去幼儿园；在16：30左右车子又沿路将孩子送回家。中午，孩子们就在幼儿园里吃饭。这样，上幼儿园的儿童每天就有近10个小时的时间是在幼儿园度过的。

当然，幼儿园里也安排玩耍的时间和内容。那么，实际情况是什么样子呢？

在田野调查期间，我调查了解了一家幼儿园。这家幼儿园位于Y镇东西向主街的南边。教室在一幢楼的二楼上，共有五间房子，有两间是老师的办公地点和卧室，另三间是教室，大、中、小三个班各一间教室。楼下的院子是孩子们活动的地方。在这个幼儿园里，除语言、算术、音乐、美术、手工等课程之外，安排孩子玩耍和游戏的时间有上下午的各半个小时，玩的内容是教室里的积木或楼下院子里的器械，这些器械与本土游戏完全是无关的（见下页器械图）。除此之外，孩子们是没有其他东西可玩的，因为一是老师不允许，二是也没有东西可玩，楼下院子的面积约200平方米，且是水泥地，寸草不生，没有泥土，除了偶尔有蚂蚁和树上掉下的虫子之外，不会出现其他小动物。幼儿园的老师说，儿童偶尔玩一下蚂蚁或树上掉下的树叶，她们也会阻止的，一是因为这些东西“脏”；二是如让儿童玩，那么就会没有秩序。用其原话来说，即“一个娃也不让玩。让一个娃玩，其他娃也就要玩，这样就没法管了”。至于院里的树，孩子们是不被允许去爬的。因而可以看出，当孩子上幼儿园后，上述玩要和游戏活动开展得就少多了。

Y镇一幼儿园的器械

在假定除去儿童吃饭、睡觉、做家务与农活的时间外，他们的其他时间一定的情况下，① 上学导致儿童玩要和游戏的时间越来越少的这种情况如下页所示：

① 之所以这样假定，是因为由于儿童的玩要和游戏时间还受到其多少时间用于做农活和家务等方面的影响，而后者又受到农业生产效率等方面因素的影响，因而情况是比较复杂的。但是，第五章的研究也表明，儿童由于上学的原因，也减少了做农活和家务的时间，所以，儿童做农活和家务时间的减少也并不是因为玩要和游戏，因而作此假定进行分析还是有一定意义的。

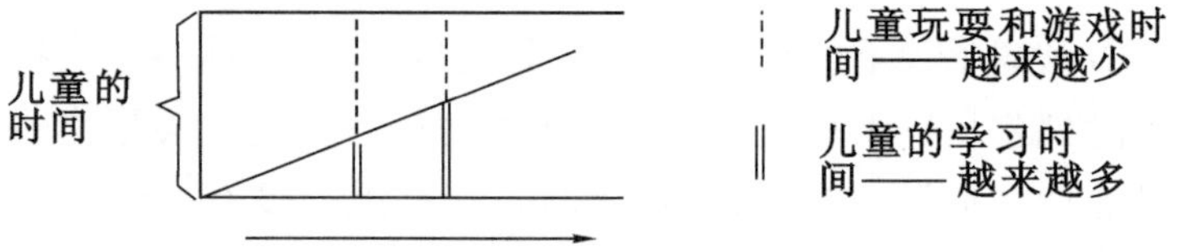

可见，在儿童接受学校教育的情况下，他们就减少了开展本土游戏的时间。这对本土文化的传承是有很大影响的。

例子二：走出山涧村的山涧村人。

山涧村的一些人通过各种方式走出了山涧村，去从事与山涧村的生活与生产没有直接关系的工作。其中学校教育是一个重要途径，主要体现在为他们离开山涧村提供现实的途径。这一方面主要体现为两点，一是通过考大学离开山涧村，一个人考上大学的话，还可以将户口从山涧村迁移出去，从而“彻底”地离开山涧村；二是山涧村上学的学生在学校教育中所形成的超越村庄的“同学”关系网络为他们在考上大学之外走出山涧村提供了渠道。例如，2006 年 7 月份中考和高考成绩公布后，继续上学无望的五位年轻人都通过同学关系在西安等地找到了“工作”。因而，可以说学校教育让学生了解了更多的“外面的世界”，这使他们形成了他们的祖辈和父辈所不可能有的对“外面的世界”的向往以及进入其中的欲望，出现了班努里所指出的抗拒父辈的价值①的情况。

另外，一些即使在山涧村有“正式”工作的人也不愿意留在山涧村。例如，村小学的两位教师认为他们整天待在农村“没有意思”②，因而辞掉被父母认为稳定而又舒适的工作，不顾父母的反对去西安打工。邻村的一位在 Y 镇中学工作的年轻教师因“小地方太闷”而辞职去西安打工。所以，如同李书磊先生所指出的，即从实然的角度来分析，实际情况是，接受了学校教育的年轻人从内心里是坚决不愿意回去的，他们已经是被知识与城市生活动员起来的人，已经有了在城市生活的强烈愿望与基本能力，重回乡土对他们是一种精神酷刑。③

---

① 参见班努里：《发展与知识的政治：现代化理论在第三世界发展中的社会角色的批判诠释》；参见许宝强等编：《发展的幻象》，中央编译出版社 2001 年版，第 163 页。

② 一位教师说，他们这种在村小学工作的老师只是比农民多一个国家户口和稳定的工作，其他方面其实和农民差不多，因为整天也在农村。

③ 参见李书磊：《村落中的国家》，浙江人民出版社 1999 年版，第 152 页。

学校教育导致了一些人不愿意留在山涧村。这使山涧村得以延续和发展的最为重要的一个因素——人——“不存在”了。由此，山涧村的发展出现了断裂，出现了奥格布所提出的学校和教育制度导致社会发展中的“非连续性”的产生。①

从上述有关内容可以看出，山涧村本土教育促进社会的延续是有一定条件的，首先是本土教育的存在。即教育者、受教育者和教育内容这三个基本要素均“存在”，如果哪一方面“缺席”或被“置换”，例如当青少年儿童上学、外出打工的话，他们所接受的便是学校教育。显而易见，在这种情况下，山涧村本土教育的力量就大大地被减弱，山涧村的延续将受到重要的影响。

根据上述分析，需要指出的是，当前教育领域关于教育促进社会发展的观点需要进一步修正。因为，从山涧村的情况来看，山涧村的延续和发展是通过本土教育实现的，而在一些方面学校教育非但没有促进山涧村的延续，反而起到了反面的阻碍作用。所以，是本土教育而非学校教育促进了山涧村的延续和发展。因此，在有关教育与社会发展关系方面，我们并不能一概而论地说教育具有促进社会发展的作用，而是既要作普遍意义上的分析，也应该就具体的“教育”和“社会”作具体的分析。实际上，关于本土教育和学校教育的对比分析也表明，教育不是单一的，而是多样的。如果用英语来表述的话，教育不是单数的 education，而是复数的 educations。

根据本章内容的研究我们认为，山涧村本土教育重要的功能是形成青少年儿童关于“山涧村（人）/农村（人）”的身份认同和文化认同以及他们对山涧村/农村的认同；同时，也表现在有助于实现山涧村的生活与生产经验的延续和发展以及促进山涧村各种形态文化的延续和发展。但是，这两个功能的实现是有条件的，即年长者、青少年儿童和基于本土社会的教育内容三个方面缺一不可。无论缺少哪一方面的因素，本土教育都不会发生，其功能也就无从实现。由前面所分析的内容来看，国家政策、学校教育、市场经济、媒体等因素的影响，使本土教育这两个方面的功能受到了威胁。

---

① J. U. Ogbu, *Minority Education and Caste: The American System in Cross Cultural Perspective*. Academic Press, New York. 1987.

第十一章 山涧村本土教育的变迁

山涧村是不断变迁的，山涧村的本土教育也是不断变迁的。不经过田野调查，也可以推测出这一点：从自然的角度来说，它受到与之毗邻的村落或相距分别为 2 千米和 12 千米的 Y 镇与县城的影响；从社会的角度来说，它作为“中国陕西省淳化县 Y 镇山涧村”，还受到各级行政组织的各种政策的影响。因而，山涧村的本土教育也是不断受到外界影响的。那么，它究竟受到哪些方面的影响呢？这些影响导致山涧村本土教育发生哪些方面的变化呢？为什么会发生变化？本章将对山涧村本土教育所涉及的若干领域逐一进行分析。

第一节　儿童的养育

一、儿童饮食的变化

1. 多级养育渐渐消失

在婴儿的饮食方面，一个变化是多级养育在渐渐消失，这主要是因为一些山涧村人采纳了医生关于“卫生”的建议。20 世纪 90 年代中期以来，村里越来越多的产妇到县医院生孩子。她们被医生告知不要“随便”让自己的孩子喝别人的奶水，因为这样不“卫生”。因而，一些人为了卫生起见，既不让自己的孩子喝别人的奶水，也不把自己的奶水给别的孩子喝。有时即使她们手里抱的孩子饿得哇哇直哭，她们也不会用自己的乳汁喂这个孩子。一些家庭，如果碰到孩子的妈妈有事外出，则给孩子喂奶粉。

2. **注重补充营养**

注重给婴幼儿补充营养是另一个重要变化。例如，给他们喝奶粉。一些家庭从收音机和电视上得知，奶粉比母乳更有营养，因而少数家庭即使孩子妈妈在身边，有时也不喂母乳给孩子，而喂他们奶粉喝。甚至有一家“看到电视上讲给孩子早点断奶是好事”，便在其孩子 6 个月时，就尽量不给孩子喂奶，而给孩子喝奶粉、娃哈哈、糖水，吃奶粉泡馍、饼干等。

除了电视和广播的影响外，一些家庭通过医生建议、外出打工的人及在外工作的人等渠道了解到，要给长身体的孩子补充一些“营养”。这些营养除了刚刚提及的奶粉之外，还有鸡蛋、果汁等。其中，鸡蛋和牛奶是最普遍的，鸡蛋是村民自家鸡产的，牛奶是从村中或镇上商店买的。村中的四个商店均卖牛奶，店主们说村民们买回家都是给孩子喝的。另外，国际组织 P 到村庄里对村民们宣传，要给孩子牛奶喝，以补充营养，这对村民产生了很大的影响；儿童们听说其他受到该组织援助的村庄中的孩子已经喝到牛奶，因而也很向往能够喝到牛奶，所以，村民们都买牛奶给儿童喝。2006 年 3 月份，该国际组织在山洞村举行社区大会，会上，山洞村一年级和二年级的超过半数的学生提到“想喝牛奶、想吃面包”，占所提意见中的最多一项。二年级的 16 名学生中有 9 名提出了这一点。不排除有学生看其他学生提出了这一点也仿效提出的情况，但是即使这样，这一点被仿效的人数也是最多的，多于“想要新课桌”、“想学英语”等项，这说明了牛奶和面包在孩子心中的渴望程度。

3. **零食的变化**

在儿童的饮食方面，零食出现也是一个重要变化的主题。在不同的年代，孩子们除了吃一日两餐外，还吃些零食。田野调查期间，我对 12 名3 ~4岁幼儿家长进行了调查，在关于“你家娃娃吃什么零食”问题的回答中，所有的家长均说给孩子吃零食，并都从商店里给孩子买过零食。当问到孩子要吃零食时有没有把自己家里的东西给孩子时，只有两位家长说给孩子吃馍，另有一位家长说给孩子吃鸡蛋。

据田野调查期间的观察，现在孩子吃的零食有麻辣条、棒棒糖（一般这种糖里装有小手枪等，小孩买此糖时多数是喜欢里面的手枪）、方便面、虾条、薯条、饼干、蛋卷、棉花糖等。夏天，孩子们还爱吃冷饮，一般是五毛钱一个，便宜的果冻条是一毛钱一个。

比较自己小时候吃零食的情况，20 岁以上村民多数认为现在的孩子吃零食是比较“不得了”，几乎每个孩子每天都要吃零食，花费一般是五毛钱，多则一块钱。那么，现在的孩子为什么吃零食呢？村民们认为的原因可以归纳如下：

（1）电视节目的影响。现在的孩子一出生就被“暴露”在电视前，因而他们非常熟悉电视广告，看到电视广告中的孩子说“好吃”、“味道好极了”，就吵闹着要吃广告中播放的那东西。村庄里孩子很多会说“好吃，干脆面”之类的广告语。一位村民说：“要是电视上放馍的广告，保证小孩都要吃馍！”另一位村民说：“城市人都不爱吃的垃圾食品，只在吃不到饭时才吃。我们这里小孩很喜欢吃，都是看电视引起的！”因而，电视是导致儿童买方便面当零食吃的一个重要原因。

（2）现在父母亲比较娇惯孩子。以前儿童要吃零食大人经常是给予批评的，现在不同的是，儿童要什么，父母亲就给买什么。对于这种变化的原因，一些村民的解释是：

“现在娃娃少，还不让娃娃吃好！”

“现在的娃娃值钱，要啥就给买啥哩！”

（3）经济条件允许给孩子买些零食。一些孩子的父母亲认为，一个孩子一天一块钱零食钱的话，一年也就三百多块钱，还是能够付得起的。

（4）在村庄里能够买到零食。村庄中一家商店的店主说，当去县城或咸阳进货时，如若看到价钱不是很贵，小孩又可能爱吃的东西就进货；如果看到电视中放什么广告，考虑村民们买得起的东西也进，例如果冻、冷饮、方便面等。当小孩子看到电视上或听说的东西在商店里能够买到时，就会让其父母亲买。这种情况下，父母亲一般都会买的。

其实，从山涧村商店的布局来看，卖的东西多是给孩子的。村里总共有四家商店，一家商店在村南部，一家商店在村北部，另外两家商店均在村子中部。位于村子中部的这两家商店相隔仅 200 米左右，挨得这么近，但是生意并不比前两家商店差，其中一个重要购买人群就是学生。因为这两家商店均在学校旁边。在课间休息时，经常有学生三五成群地到这两家商店里买零食吃。

上述几个方面构成了一个影响儿童吃零食的关系网，后者是前者的递进：电视宣传，使儿童知道了一些零食的存在；但是，仅有此是不够的，还要家长愿意买；而家长愿意买还不行，还要有钱买；而家长有钱买还不行，还要能够买到，这就要求商店能够进到货。其中后者又是以前者为基础的：商店之所以进零食，是因为从电视等方面知道有哪些零食孩子们可能爱吃，并且知道村民有钱买，而且愿意买；村民有钱买，是因为他们愿意买，如果不愿意的话，有钱也不会买的；而村民愿意买，是因为他们知道可以买什么给孩子吃，这则是从电视中知道的，如果不知道可以买什么给孩子吃，那么即使他们愿意花钱也买不到东西。

上述四个因素分别对应于：

商店能够进货→山涧村的开放程度和对外交流的便捷性

村民愿意买零食→以孩子为中心的观念

村民有钱→山涧村经济水平提高了

电视节目的影响→媒体对山涧村的影响

上述四个因素中，每个因素都不可少，最为核心的因素是村民愿意买零食。而其愿意买零食的最为主要的原因是“挣钱还不是为了孩子”，因而，在儿童零食的消费中，“以孩子为中心”的思想或理论居于绝对的支配地位，影响着父母亲具体的养育行为。

上述分析的各方面因素之间的关系可以通过下图来进一步体现：

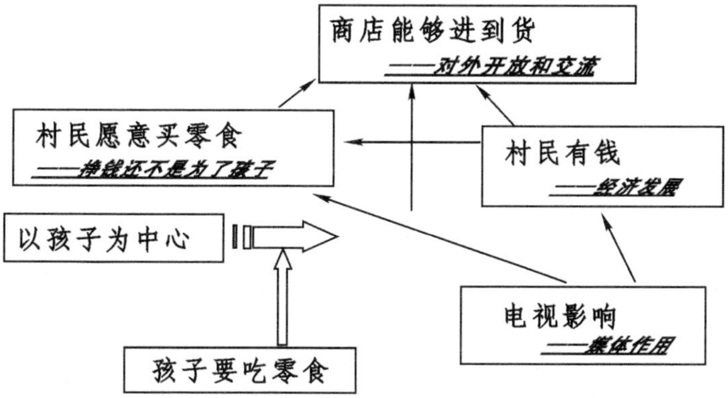

4. 吃饭的礼节变化

关于吃饭的礼节。与前面一位村民所介绍的他小时候总是谦让他人不同的是，现在越来越多的孩子吃东西时一般只顾自己，有时甚至一看到吃的东西就开始抢了。大人即使在旁边，也不会批评自己的孩子，反而认为自己的孩子抢到了是他的本事，这样就不“吃亏”。例如，在我田野调查期间，到邻村一户人家参加一个小孩的“过周岁”活动。在切生日蛋糕前，同来参加过周岁活动的孩子主动围在放蛋糕的桌子边，等待着吃蛋糕。过周岁小孩的爸爸在切好蛋糕后，一些孩子就自己动手拿。

我在该县的另一镇进行其他方面的调查时也碰到类似的情况。当时，和我一起调查的人员为了使座谈中的气氛不会过于紧张，便买了些糖果，让参加座谈的学生边吃边说。但是，在开展的近 20 次学生座谈中，有超过半数的情况是，当我们把糖放到桌子上时，没有让孩子吃的时候他们就已经开始自己吃了；有五六次的情况是，当说到让他们吃时，他们就开始抢。当我问到他们为什么抢时，他们说“我不抢就给别人抢去了”、“看到其他人抢我也就抢”等。我又问到“爸爸妈妈让不让抢东西吃”时，有几个学生说：“抢到了爸爸妈妈就夸我！”“不抢的话爸爸说我瓜（傻）。”只有两位学生分别说：“不知道”、“以前抢东西吃时被妈妈打了”。

当我和山涧村村小学的两位老师说到这种情况时，她们说这在山涧村及周边村庄是比较普遍的情况：

> 现在的孩子都这样，都很“聪明”，看到自己能够得到的利益就会“拼命”地抢。这与家长的教导有很大的关系。国际组织 P 捐赠的书包和书籍运到学校时，一些家长就主动到学校要。这对形成学生自我利益为主的观念有很大的影响。学生看到吃的东西就更不用说了，还不抢啊！

二、看管的变化——“物→人”的看管模式的出现

在 20 世纪 80 年代之前，大多数家庭中，当没有人看管婴儿时，村民们就将之放在炕上，用一根绳子或带子拴住他，使他能够到达的最远的距离是炕的边沿，这样婴儿就不会从炕上掉下来，比较安全。由此，

婴儿只能在炕上这一范围玩了。但是，自20世纪80年代中期开始，村庄里越来越多的家庭买了电视机后，人们一般把电视机放在卧室里或客厅里，这两个地方均是婴儿经常活动的地方。20世纪90年代后期成家的年轻人家，除了全家“公用”的电视机之外，年轻人在自己的卧室里还放一台电视机。

有了电视机之后，当大人需要做事没办法照看婴儿时，经常出现的情况是，大人打开电视机，让婴儿看电视。我在田野调查期间，就常常发现有这样的婴儿母亲指着电视机里不断变化的人物或动物说：“娃看，这是咋的，动哩!”等到婴儿被电视吸引后，其母亲就将之放在一边，自己去做事了。所以，在这种情况下，儿童就由以前炕上的玩耍活动变为看电视了。婴儿看到电视中不断变化的画面时，有时会盯着看，停止了哭闹，有时甚至好长时间也不眨一下眼睛。所以，大人们常常让电视来照看婴儿。

近几年，刚结婚的家庭必买DVD播放器，这样，他们的孩子在一出生时又多了一个“接触对象”。在孩子哭闹时，大人们也热衷于放碟片给儿童看，有些家庭放专门买给儿童看的碟片，而有的家庭就把成人看的碟片放给儿童看，无论放什么碟片，其目的就是让碟片中不断变化的画面吸引住儿童。在对12名3~6岁的幼儿的家长进行访谈时，当问到“带娃时做些什么”时，有10位家长回答是“看电视、看碟片”。由于这样的情况，大人就再也不用曾经的讲故事、唱歌等方式哄着孩子了。由此，出现了所谓“物→人”的看管模式。

第二节　儿童的玩耍和游戏活动

一、儿童开展传统玩耍和游戏的总体时间越来越少

前面分析了当儿童接受学校教育后，他们的玩耍和游戏时间就减少了的情况。另外，儿童看电视和碟片也减少了他们开展玩耍和游戏活动

的时间。

20世纪80年代初的时候，村里有人家买了电视机，在农闲的晚上或平时的空闲时间里，村里的孩子挤到这家的院子里，一个挨着一个或坐或站着看电视。继这第一户人家买了电视机之后，其他家庭也相继买了电视机，到20世纪90年代末，村里的大部分人家都买了电视机。这样，孩子生活中一个重要内容就是看电视。那时，尽管电视机多是黑白的，至多收到中央电视台、陕西电视台、淳化电视台等几个台，但是孩子们认为看电视是非常有意思的。电视中播放的《西游记》、《聪明的一休》、《十六岁的花季》、《上海滩》、《便衣警察》等成为孩子们特别喜欢看的内容。他们没有事的时候，就打开电视看；觉得电视节目不好看的时候，才去玩耍或做游戏。春节的时候，一些孩子也不再如同以前那样急不可待地去看社火了，认为看社火很没有意思，到外面去又冷，不如在家看电视。

2000年以来，村里一些人家陆续买了DVD播放器，将之连接到电视上就可以播放碟片。在Y镇和县城的商店里就可以买到很多碟片，多数是十来块钱或二十来块钱一张，对村民来说这个价钱还能够承受得起，于是有的村民就买些给孩子看。有些人看到电视上播放其他关于"开发智力"或儿童娱乐的节目，例如《蜡笔小新》等，就自己去县城或其他地方买，或者托别人从县城或咸阳给捎回来。由于不同于电视受电视台播放时间的限制，DVD可以想什么时间看就什么时间看，因而颇受孩子们的喜欢。事实上，没有上学的孩子经常把一张碟反复地看，上学的孩子回家一做完作业或者没有做完作业也常常看碟片。由此，儿童用于开展传统的儿童玩耍和游戏的时间越来越少。

导致与山涧村生活生产紧密联系的玩耍和游戏活动越来越少的另一重要原因则是开展它们的条件不存在了。例如，儿童要是上学的话，就很少放风筝了。因为，周一到周五的白天基本上都在学校，回家已经很晚了，天短的时候天已经黑了，没有办法放风筝。暑假期间天太热，寒假期间天太冷，都不适合放风筝。所以，可以放风筝的时间也减少了。再如，最近几年，儿童几乎没有开展过打嘎和"打猴"（即打陀螺）的游戏，原因是这两种游戏必须在"泥土"地上开展。但是，现在山涧村很多家庭把院子做成了水泥地，2006年7月份国际组织P资助山涧村将村庄间的主要道路修成了水泥路，所以，一些儿童抱怨他们的领地被“占领”了。

新的游戏活动使得孩子们可以玩些村庄的传统活动中不曾有的东西，这也在一定程度上“置换”了与山涧村生活生产紧密联系的玩耍和游戏活动，因而只能说前者使山涧村儿童开展了新的活动，而并不能说“丰富”了他们玩耍和游戏活动的内容。

二、儿童玩耍的内容超越了山涧村的范围

首先，学校教育提供给学生村庄里以前没有的活动。接受过学校教育的山涧村人均说他们会在家里玩在学校里学会的娱乐项目。即使对于打篮球、乒乓球这样需要必备的设施才能开展的活动，他们在家里也能找个东西代替乒乓球台和篮球架玩起来，例如，把桌子拼起来做乒乓球台，或对着墙打乒乓球。

很明显地可以看出，无论是现在的幼儿园还是小学，都提供给孩子一些山涧村所没有的玩耍活动。就幼儿园而言，基本上都有积木和其他各种各样的可供孩子玩耍的玩具。虽然如前所述，儿童上学的话，学校教育在时间上剥夺了他们开展本土游戏的时间。但是，他们在学校里其实还是有玩耍和游戏的时间的，只不过利用的是幼儿园里的器械和国际组织 P 捐赠给村小学的器械。从这个角度来说，这些器械在很大程度上“置换”了山涧村本土的玩耍和游戏活动。

其次，电视也影响儿童的玩耍和游戏内容。电视中播放的《西游记》、《上海滩》、《便衣警察》、《聪明的一休》、《十六岁的花季》、《还珠格格》、《包青天》、《刁蛮公主》、《大风车》、《星光大道》等节目成为不同时期儿童爱看的内容，有些他们还反复地看。看完之后的模仿也成为儿童玩耍活动和游戏活动的重要内容。例如，在田野调查期间，我发现儿童们经常玩的一种游戏是“小燕子”，即一人扮演“小燕子”，其他人扮演电视剧《还珠格格》中的其他人物开展活动。

再次，市场经济的发展和山涧村经济水平的提高也是促使儿童玩耍和游戏活动内容超越山涧村范围的一个重要原因。20 世纪 90 年代以来，一些家庭看到街上有卖新式玩具，例如积木、电动车、布娃娃等（有的也就几块钱或十几块钱），就买些回家给小孩玩；有的小孩看到别人家

有新式玩具，也就吵闹着向自己的父母亲要。大多数家长认为，现在孩子少，挣的钱就是给孩子用，孩子要啥还不给买啥？因而新式玩具陆续出现后，儿童的父母们也愿意给他们买，或者给他们钱让他们自己买。我曾经在山涧村的一家商店看到一个9岁的小孩买了里面有塑料手枪和一小包糖或泥制小鸭或小鸡等的“大礼包”（这个玩具的封面上写着“大礼包”三个字），一毛钱一个。他眼睛一眨不眨，专注地看着大礼包，捏捏这个，摸摸那个，颇为专业地挑选着，通过触摸心里猜测着里面的东西；然后买下挑中的三四个，打开包装袋后娴熟地安装“手枪”；一边安装，一边吃里面的糖果。不过前三个都没有安装好，第四个才安装好。这家商店的主人说这个才一毛钱的“大礼包”里面有这么多东西，孩子们都很喜欢；不过，正因为才一毛钱，所以经常有小孩如同这位小孩一样，一次性买好几个；正是考虑到小孩子们愿意买，加之从县城就可以进到这种货，因而他经常一次性进三四百个这种玩具。

当然，无论什么东西，小孩玩的时间长了也不爱玩的，经济条件好的家庭可能就会变换着花样，再买些其他玩具哄着小孩。这样，小孩有越来越多的玩具了。而且，这些玩具可以让小孩“开车”、“开飞机”、堆积木等，因而让他们体验到超出山涧村生活的一些方面。

如同“零食”一样，儿童玩耍和游戏活动内容的扩大是包括上述因素在内的多方面因素影响的结果，有以孩子为中心的观念、媒体对山涧村的影响、山涧村经济水平的提高和山涧村的开放与对外交流的便捷性等方面，其中，“以孩子为中心的观念”是最为核心的方面。电视宣传，使儿童知道了一些玩具的存在；但是，仅有此不够，还要家长愿意买；而家长愿意买还不行，还需要有钱买；而家长有钱买还不行，还要能够买到，这就要求商店能够进到货。其中后者又是以前者为基础的：商店之所以进玩具，是因为从电视等方面知道哪些玩具孩子们可能喜欢，并且知道村民有钱买，而且愿意买；村民有钱买，是因为他们愿意买，如果不愿意的话，有钱也不会买的；村民愿意买，是因为他们认为：“挣钱还不都是为了娃娃？”可见，“以孩子为中心的观念”具有决定性的作用。

三、儿童的同辈群体发生了变化

1. 同辈群体超出了村落的范围

如前所述，在没有受到外来因素影响下的本土环境中，山涧村儿童的同辈群体是基于村落的。儿童的玩伴一般是家里的兄弟姐妹或村庄里住在附近的孩子。偶尔到亲戚家时和亲戚家的孩子一起玩耍。在空间范围上，主要是在本村里，有时会到附近的其他村子或跨过沟到对面的塬上。但是，总的来说，孩子们玩耍的范围是在本村里，玩伴是住在同一村的同龄人。

非常明显的是，孩子们上学后，首先其玩伴发生了变化，儿童一般只和同学玩。以小学阶段的儿童来说，他们一般在位于村子中部的山涧村小学内玩耍。但是，这所学校除了招收该村的儿童之外，还招收相邻的 SH 和 ZJL 两村的孩子。因而，上小学的儿童不仅和同村的同年龄孩子一起玩耍和做游戏，而且还和外村的孩子一起玩耍和做游戏。即使是和本村的孩子在一起玩耍和做游戏，与他们的未上过学的父辈和祖辈们不同的是，他们的同辈群体有一个共同的特征，即是由同学关系作为基础形成的。对于上幼儿园的孩子而言，由于幼儿园面向全镇各个村和街道的孩子招生，而且本镇相邻的另一乡也有家长把孩子送来，因而在幼儿园里，他们的玩伴的来源范围就更大，不仅超越了本村和邻村，而且扩大到了整个镇并涉及邻镇。由于山涧村儿童高小和初中是到面向全镇招生的镇上的学校上学，所以，上高小和初中的山涧村青少年儿童的玩伴范围也就更大了。

在学校里形成的这种关系不仅在学校里发生着，从空间上来说还延伸到学校之外，即在非上学的时间，孩子们通常仍然和“同学”一起玩耍。这一点可以通过学生的作文来加以说明，在四年级的作文《我的星期天》中，所有学生提到的“星期天”除了是在自己家里和自己的兄弟姐妹玩之外，就是找“同学”玩。在时间上而言，这种同伴关系则会延伸到学校教育结束之后。例如，村庄里那些小学或初中已经毕业的孩子们在家没有事的时候，则会“上同学家”或“找同学”玩。①

2．儿童参与同辈群体活动的时间减少

随着网络的出现，一些儿童更有兴趣和网上的“人”玩。有了新式玩具后，小孩子经常就一个人在家里玩各种“飞机”、“汽车”、“机器人”等，这也影响了他们的同伴结构。

另外，有些家庭只允许孩子在家里玩玩具。虽然有些家庭是允许或鼓励孩子把自己的东西和其他孩子一起玩的，但是，有些儿童则被家里人教导“不要和别的娃玩，会给他们玩坏了，这样你就没玩的了”。有时儿童能够记住大人的话并很听话，自己的玩具就自己玩，但是一些儿童一到玩的时候就忘记了大人的那些话，会把自己的玩具拿出来和其他儿童玩。儿童们在一起玩时，有时难免会玩坏玩具，这样有玩具的那个儿童回家可能会遭到家里人的责骂或抽打：“叫你不要拿出屋外玩，你还拿出去，现在坏了吧!”遭到打骂的儿童多半就不再敢把自己的玩具拿出家门和其他儿童一起玩了。想玩的时候，除了偶尔拿出去玩以外，就一个人在家里玩。在这种情况下，儿童与“玩具”一起玩，其玩伴就出现了“人”与“物”组成的情况。②

四、性别差异减小

从前有关内容中可以看出，在山涧村儿童的玩耍和游戏活动中，曾经具有明显的性别差异，诸如踢毽子等游戏活动是女孩子绝对不能参加的，而男孩子也很少去做“翻绞绞”游戏。但是，在我进行田野调查期

---

① 在这方面，我也有相似的经历。本人在上小学的时候，经常和邻居家长我一岁的同在上小学的女儿一起玩耍。但是，在小学毕业后，她没有继续上学，而我接着上中学。随之而来的是，我们在一起玩的时间却非常少了。我星期天一般是去离我家较远的同村另一女孩家或邻村的同学家玩，或者她们到我家玩。而不再和邻居家女儿玩。原因是和同学能够开展一些大家都喜欢的、经常开展的活动，而和邻居家的女儿似乎距离远了，都有兴趣玩的东西少了，换句话说，也就是“共同语言”变少了。

② 新式玩具具有更多的成人制造的成分，是通过其多方面的功能诱导着儿童的兴趣。因而儿童在做有关新式玩具的游戏时，缺乏在做前述的本土游戏时所具有的胡伊青加的《人：游戏者》（贵州人民出版社 1998 年版）中所提及的“游戏的冲动”，这对儿童的成长也是不利的。

间，所观察的情况是，大部分的儿童玩耍和游戏中既有男孩子也有女孩子，经常还有男孩子和女孩子在一起活动。村小学校长说，这一变化的原因之一是我国“男女平等”政策的落实和推进，① 使得男女差异减小。另一方面，随着计划生育政策的实施等，一般家庭只有两三个孩子，或者就两个孩子，一个男孩一个女孩，因而人们对女孩也更加疼爱，甚至宠爱。“一些女娃被家里人宠得比男娃还野”。这是促使女孩更为广泛地参加以前只有男孩才开展的玩耍和游戏活动的一个原因。

提倡男女平等的宣传标语

对上述几个方面的变化进行专门的阐述是为了更为深入地分析山涧村的儿童玩耍和游戏活动的变迁情况。同时，也想说明，20 世纪 80 年代中期之后的这些变化的一个重要背景，是我国农村地区实行土地包产到户、国家提出和实施普及九年制义务教育以及我国改革开放政策的实施。这进一步说明，山涧村儿童玩耍和游戏活动的变化情况与山涧村其他方面的变化是相联系的。

① 从县城到山涧村的路上，沿途所见的每个村子的宣传标语都有关于“男女平等”方面的内容。

第三节　农业生产活动和家务活动

一、苹果的引入①

农业生产知识和家务活动方面的一个突出变化是苹果的引入②。在淳化县，或与周边其他村相比，山涧村较早地开始种植苹果。1957 年，村里有一村民到三原去收麦子，见到有从河南灵宝引进的香蕉、国光等品种的苹果，就从那里带回几棵到村里种植。当时的淳化县范围内种植苹果的量是非常小的，仅有与 Y 镇相邻的另一镇的园林场种植苹果，总共不到 100 亩。1958 年，村里的苹果量又多了些，但是种植量仍然比较小。主要原因是山涧村人对苹果还不了解，不敢贸然种植太多；另外，在当时的环境下，山涧村干部和人们不敢不经上级政府同意而私自种植新品种。1959 年，县政府作出决定，在淳化县现在的地理范围内大量地种植苹果。这样，在 1960 年，村里在全县率先发展苹果业，但是规模仍然是比较小的。当时的苹果种植技术主要来自于三原的陆口农场。

在那时，由于苹果的种植规模比较小，谈不上什么经济效益。20 世纪 70 年代时，淳化县开始了有关果树品种的规模种植。1980 年，有关专家到淳化县考察并进行论证后认为，淳化县的气候环境和土壤条件非常适宜苹果等果树生长，即位于典型的黄土高原沟壑区，丘、塬、山、

---

① 本部分有关资料参见《淳化县志》，三秦出版社 2001 年版，第 310 ~ 314 页内容。

② 从生物学的分类来说，苹果、桃等不属于农作物，而属于果类。但是，在山涧村，人们去从事有关苹果的种植活动时，也说是去做农活；说到苹果或桃子时，也将之说成是“农业产品”。他们之所以这样分类，是因为，他们的解释是有关苹果的种植活动和小麦、玉米的种植一样，“都是在农村，还不就是农活”、“苹果和小麦就是长的不一样，都是我们农民种，就叫农活；要是是城里人种，就不是农活”等。因而，山涧村人是根据“在农村”（种植的地点）和“由农民种植”（即种植者的身份）为农业生产活动划分的标准。根据这种分类，本书也将苹果方面的有关内容归入“农业生产活动”之中。

沟相间，地貌较为复杂，为果树生长提供了多样适宜的环境。在气候方面，夏天不过于炎热，冬天不过于寒冷。果树活跃生长期的 6 月至 8 月间，平均气温为 22 摄氏度，恰在果树生长适温的 19 摄氏度 ~23 摄氏度之间。另外，由于位于黄土高原，海拔较高，日照时间长，紫外线强度高，夏秋季节昼夜温差大，为果树密植栽培、早丰产和果品体内堆积糖分和着色提供了得天独厚的条件。在土壤方面，各类土壤均由黄土母质发育而来，土壤土层深厚，对果树的生长是非常有利的。在这样的情况下，政府号召并要求人们大规模地种植苹果。

20 世纪 80 年代始，淳化县苹果的种植规模不断扩大，进入迅速发展时期。1994 年，该县进入全国水果产量百强县和陕西省水果产量十大县之列，苹果的总产量和人均产量分别位居陕西省第三位和第一位。苹果不仅是该县果业种植中规模最大的，而且成为该县最为重要的经济支柱。

山涧村由于在那之前已经种了二十余年的苹果，积累了一定的经验，而且在其他村村民还在犹豫能不能种苹果时，山涧村村民已经率先大规模地种植苹果了。所以从 20 世纪 90 年代以来，苹果的种植给村里带来非常显著的经济回报，村民收入迅速提高，明显高于全县平均水平。例如，1992 ~1995 年间，全县苹果生产带来的人均收入为 1000 元左右，但是在该村，就一般情况而言，人均收入在三四千元到七八千元不等。目前，苹果园占了村里最多的土地，每家的土地上种得最多的也是苹果。现在全村果树种植达到 1310 亩，占全村耕地面积 1898 亩的 69%①，大大超过小麦的种植面积。

苹果的引入在提高村民经济收入的同时，也降低了村民对种植小麦的知识及重要性的认识。例如，在苹果疏花疏果时节，青少年儿童通常被要求去果园学习相关技术，在近处打工的年轻人也回家，有时上学的学生在放学回家时也被要求去果园劳动。而到了小麦的种植时节，在附近打工的年轻人却很少回家，上学的学生也很少被要求去麦地里。一位村民说，这一方面是因为现在种的麦子少，因而没有种苹果那么忙了，另一方面是因为“在外打工，为种小麦回家不值得，不会种麦子，用卖

---

① 淳化县 Y 镇山涧村：《淳化县 Y 镇山涧村社区发展报告》，2006 年。

苹果的钱买一点面就好了”。

因而，山涧村人大规模地种植苹果，导致小麦和玉米在山涧村的“地位”明显下降，有关种植小麦和玉米的技术也不再被人们看得如以前那样重要；同时，也导致其中的一些方面逐渐地趋于消失。例如，有关小麦种植的谚语有的村民就不知道了，一位村民说：

“就种那么点小麦，知道那么多有啥用？”

可见，新农作物品种苹果的引进导致了有关其他农作物的生产知识和技术及其传承地位的下降，相应地那些有经验的种麦能手——曾经的“师”以及关于小麦种植方面的知识——曾经的教育内容也不再被重视了。这是导致山涧村本土教育发生变化的一个重要方面。

二、学习者的缺失

农业生产技术传承中最为重要的一个因素是有人来学习农业生产技术。但是，大概从 20 世纪 90 年代以来，村庄里的青少年儿童越来越少地学习做农活了。其原因是：

第一，家里有许多更能吸引孩子的东西，例如玩具、电视等。在田野调查期间，我发现多数青少年儿童回家也不做家务事，很少做农活，常常一到家就看电视或玩耍。一位 1946 年出生的村民说，她自己在十几岁的时候和其儿子在十几岁时一样是没有时间玩耍的，因为要干很多活。但是，

“现在的娃回家不怎么做事，更不愿意去地里做活了。都喜欢看电视哩，电视把娃娃们给惯坏了。”

看电视的另一个影响是使孩子们不再能够在吃饭的时间了解有关农业生产知识。因为，在一家人吃饭的时候，经常的情况是爸爸妈妈坐在饭桌边吃饭，而孩子们则端着碗或拿着馍，或坐或站在电视机边，边吃边看电视。

第二，有专门的人看管孩子。由于计划生育的因素，现在每个家庭最多两个孩子，不同于以前一个家庭少则也有四五个孩子，因而，因孩子太多而照顾不了的情况不再存在。另外，由于生产效率的提高，使得同样的农活不再需要以前那么多的人去劳动，所以诸如家里的老年人等一些人就可以不去地里，专门在家照看小孩，因此就不存在大人带着小

孩到田里的情况，也就使先前存在的带小孩到地里时对他们进行的潜移默化的生产教育不再出现。

第三，一些孩子没有时间去做农活。不住校的学生在从周一到周五的白天需要上学，晚上或周末回家还需要做家庭作业，因而也没有多少时间可以去做农活。对于上中学的学生而言，他们晚上也要在学校学习到8点才回家。在镇上中学或高小住宿的学生，到周末才能回家；而在县城或其他地方上学的学生回家的次数更少，因而就更不可能去做农活了。

第四，在时间上，当学习与农活发生冲突时，大人们主张应该以孩子的学习为主。实际上，大人和孩子们也是这样选择的。以村中两个孩子的情况为例。一个孩子是1990年出生的。在我进行田野调查期间的一天，他本准备去地里帮助她妈妈打农药，因为当时正是病虫侵害苹果的时间，需要抓紧时间打农药，如果错过时间，就会造成难以弥补的损失。但是，他爸爸说："正在准备出门的时候，我听到村里的广播在播学校里来了一群NGO W的志愿者给村里的娃补英语，还是不收费的。我家娃刚好英语不好，就赶紧让他放下药壶，去学校上课。"当我问其是否知道学校里开的什么英语课、是否适合其孩子时，他说，"不管是什么课，去上总不是坏事；再看上的是英语，我的娃就英语差，平时找人给辅导还找不着人哩！"

另一个孩子是一位1992年出生的男孩，2006年我进行田野调查时他是14周岁。他是被村民们认为的一个比较"懂事"的孩子，回家时看到家里比较忙，就帮着做事。他在镇上的中学上初二，早晨六点左右就出门去学校，中午在学校吃午饭，晚上有时也在学校吃，然后接着上晚自习到八点钟（根据冬季作息时间制度）或者八点半（根据夏季作息时间制度）后回家吃饭。但是，在家里的时候他经常帮家里人做农活。在周末，如果家里农活忙的话，早晨他也不睡懒觉，和其爸爸妈妈一起在天刚亮的时候就起床，默不作声地到地里做农活。但是，他经常因为做农活而完不成老师布置的作业。在我于2006年田野调查期间，他妈妈多次和我聊天时说准备送他到咸阳去上学（刚好其亲戚家在咸阳，可以吃住在其亲戚家，生活方面比较方便），这样他就可以不用做家里的农活了，而将时间全部用于学习。可见，这两位家长均认为孩子的学习比农活更为重要。当自己子女的学习与农活发生冲突时，人们通常以子女的学习为主。

为什么矛盾出现的时候，山涧村人会首先选择让孩子上学呢？上述第一位男孩的父亲的解释是，“上学比做农活有更好的前途”，“做农活没有前途，如果娃上不了学，就让他去打工”。可见，当上学提供给青少年儿童更好的“前途”时，山涧村人就会首选上学，但是这种选择的结果是他将无法学到传统的生活技能。

实际上，这种情况在山涧村普遍存在着。人们通常认为年轻人考上大学或外出学个手艺是有出息的，在家做农活是没有出息的。例如上面提及的两位男孩中的第一位，就说不想做农活，所以要好好学习以后考大学。而且，人们不再像以前说不愿意做农活的人娶不到媳妇，反而说只在家做农活、挣不到“大钱”的话，则会娶不到媳妇。

三、性别分工差异的变化与为“成家”做准备

前面分析到在农业生产活动和家务活动中存在着明显的性别分工。但是，最近一些年，这种性别分工却发生了变化。男孩子通常也在家里学习做饭。尤其是那些只有男孩子的家庭，在农忙时，大人们去做农活了，就没有多少时间做家务，而他们因年龄小，学做地里活还有点早；或者因为需要做家庭作业，还不能像大人一样一去地里就半天，所以就在家里做家务，既解决家务问题，又可以有时间学习。

就女性而言，妇女解放政策是导致其参加农业生产活动和家务活动的一个影响因素。尤其是在靠工分吃饭的年代，女性也必须挣工分。所以，女性参加生产劳动的状况是决定其找婆家状况的一个重要砝码。结合前述有关内容，稍加分析不难发现，在女性被要求参与的活动变化的背后，仍然是山涧村人要求她们为“成家”做准备。

实行农业生产家庭联产承包责任制和改革开放政策以来，由于一些家庭中的男人外出打工，家里的农活主要也由妇女来做。并且，妇女做家务活的情况成为家庭生产活动能否开展和持续的一个重要因素。最近一些年，在靠农业生产活动之外，一些家庭还需要通过其他渠道挣钱，打工是其中的一种办法。而一个家庭中的男人能够外出打工的话，必须

要求有其他人能够操持家中农活，而这个人往往就是家中的妇女。[①] 所以，现在一些家庭在给自己的儿子找媳妇的时候，也以能否做农活作为一条标准。我在山涧村邻村了解到，有一家人请人打听别人介绍给其儿子做对象的那位姑娘是否如同介绍的那样，得到的回复是“那个女子不错，做事快，疏花疏果手脚快得很”。可见，与以前那种男性在家外、女性在家内的“男主外，女主内”的性别角色分工相似的是，现在的男性走出村庄外谋生、女性走出家门但是只是在村庄范围内做家里的农活，这实际上是新时代背景下的“男主外，女主内”，并且这种“男主外，女主内”是以女性能够参与农业生产劳动为前提的。由此可以看出，性别分工依然存在，但是差异的具体情况发生了变化。

男女参加生产活动和家务活动的变化导致了山涧村人子女为成家做准备的变化。但是，在变化背后没有变化的是为“成家”做准备的观念。也就是说，“为成家做准备”或“以成家为目的”没有变化，变化的只是所做准备的内容不同。

第四节　农闲和节日活动

一、活动内容的减少或消失

以村民们提到的曾经最为经常开展的社火来说，其减少的一个原因是在“文化大革命”期间，这些活动被认为是“迷信”而被禁止。不仅这些活动被禁止，相关的道具也被没收或销毁。一位村民说，这些道具中有铁的部件在“大炼钢铁”时期“藏都没有藏住”，全被收走了。所以，不仅“大炼钢铁”时期和“文化大革命”期间，春节时上述活动没有开展，在那之后社火和唱戏中的一些节目因没有道具也无法开展。

社火活动减少的另一原因是，在20世纪80年代中期以来开始有家

① 一些情况下，这位外出打工男人的父亲也可以担当这样的角色，但是，一般来说，如果其父亲年纪较大或身体不好或其子女多的话，靠父亲来主持家里的农活并不是长久之计。

庭买电视机，春节的时候，看电视就逐渐成为一项占用村民很多时间的活动。另外，在20世纪90年代初期，越来越多的人外出打工，一般只有在春节才能回来，因而春节就成为人们欢聚的日子。人们相聚时的活动多是打麻将、打扑克。前面提到的春节期间曾经出现过的诸如社火、秦腔等活动越来越少了。

近六七年来，除了春节和农历三月十八日在Y镇举行商贸大会时根据“文化搭台，经济唱戏”① 思想的指导而举行社火外，其他节日均没有举行社火或其他敲锣打鼓的活动。

苹果的引入导致传统的农闲时间发生了变化，因而一些活动也没有办法举行。例如，每年清明时节正是给苹果疏花的时节，所以清明时节除了给祖宗上坟的风俗还保留之外，荡秋千的活动已经消失。在种麦之前和麦收之后的走亲戚活动也因管理苹果的原因而渐渐消失了。所以，苹果的引入在很大程度上打乱了原有的农业生产活动的节律，“侵占”了基于原有农业生产时间的农闲和节日时间，也“置换”了有关的农闲和节日活动。

二、活动内容的变化

在田野调查期间，我发现一些村民经常在农闲时间看电视和打麻将、打扑克。妇女用于这些活动的时间明显多于做手工针线活等传统的“农闲活动”的时间。村民们打麻将和打扑克的行为直接影响得青少年儿童也爱看、并学习和实践打麻将或打扑克。在山涧村，有许多七八岁的儿童就已经能够熟练地打麻将了，十来岁的儿童已经具有一定的打麻将“技术”。在我田野调查期间，在双休日和暑假，也经常见到学生围坐在桌子或用木板搭成的“桌子”边打麻将或打扑克。我在村小学二年级做的有关调查发现，在“向谁学打麻将”的回答中，14名学生中的11名说是在爸爸妈妈、叔叔婶婶、哥哥姐姐打麻将或打扑克时，在旁边看着慢慢地就会了；其中有9位还说上述这些人员主动教过他们或对观望的他们传授一些技巧。最近几年，有关部门认为农民农闲时闲着在家

① “文化搭台，经济唱戏”实是以“文化”作为“工具”，以发展经济为目的。

是浪费时间，因而提出办工厂，以让他们去工厂挣钱。例如，2006 年夏天，NGO N 到达该村，认为平时山涧村的妇女们比较“散漫，整天无所事事”①，因而组织她们做馍去县城卖。在 2007 年 12 月，我通过电话了解到，山涧村妇女于 2007 年 1 月正式做馍卖。由于村民们忙于做馍，准备 2007 年春节社火活动的人数明显减少。

三、受传承者的缺失

一些村民说，诸如社火等活动开展得少的另一原因是，到了每年要社火的正月十二或十三，年轻人上学的上学，外出打工的打工，因而，没有年轻人，没有朝气了。“人都走光了，还要啥?”这位老人的话表明文化传承中最为主要的因素——人的“缺失”导致了传承的中断。

手工针线活也有同样的遭遇。现在的姑娘们大多数不再喜欢做手工针线活。第一，她们不愿意做。村里的一位从西安打工回家的姑娘对我说，村里的年轻人都去外面打工，村里是很冷清的。年轻人也不愿意留在村子里，太寂寞了。“外面的世界很无奈，但是外面的世界很精彩。整天在家里做鞋、做鞋垫太没有意思了。”不过，一些姑娘学习的另一种技术是如何在机器上做“针线活”，而且向她们传授技术的也不是上述村庄中的女性群体，而是“培训班”里请来的老师，因而在前一种群体中所形成的一种性别角色意识及责任也就淡化了。另外，这些上培训班的人除了后来去招工的单位打工用上缝纫和刺绣方面的技术之外，基本上都没有再做刺绣的活了。之所以以后没有使用所学习的刺绣方面的技术，一是这种技术的实践需要专门的机器，没有这种机器则无法进行；二是这种技术一般用于衣服没有成品之前在衣服上绣花，因而在平时的生活中很难用上；三是如前所述，因为可以便宜地买到鞋垫或鞋的原因，一些人也不愿意去做了。

农闲和节日活动的减少或消失以及变化与山涧村人们的生活和生产的变化是相联系的。以前的农闲和节日活动与人们的生活方式是相关的，以农为主的传统自然经济为在民间活动中产生的民间艺术提供了广

---

① NGO N 的工作人员所说。

阔的社会文化背景和基础。① 而在山涧村发生变化的原因则是受传承者缺席了。

第五节　社交礼节的培养

一、长幼之序的变化

社交礼节变化中比较突出的一个方面是长幼之序的变化。村庄中一位1960年出生的村民说，他虽然是高中毕业，读了不少年书，在其同龄人中接受的学校教育算是比较多的，但是，在待人接物的礼节方面，学校教育没有专门地教授，这方面主要是在家庭中学习的。不过，现在的家庭教育也不大注重孩子这方面的教育，主要原因是娇惯孩子，这使他们对一些礼节根本不懂，有时还做出违背这些礼节的事。他说：

> “在我们这里，热情待客、遵守长幼之序是很重要的。小时候，家里来了客人的话，是不可以上桌夹菜的，只是从厨房里吃点东西。但是现在不行了，我对我孩子的要求就不如我父亲那么严。主要是因为每家孩子少，大人对孩子比较疼爱，不大那么严格要求他们了。所以，现在孩子的道德很不像话，家里来了客人，客人还没有吃饭，小孩就先吃了。”

可见，计划生育政策的实施导致一个家庭中孩子数目的减少以及孩子地位的变化是遵守长幼之序的礼节没有被青少年儿童习得的重要原因。

二、学习者的缺失

如前文所分析的“饮磨盘酒”，当作为学习者的青少年儿童不在“饮酒”现场时，他就没有机会学习相关的礼节。而因为接受学校教育

---

①　参见唐家路：《民间艺术的文化生态论》，清华大学出版社2006年版，第77页。

等原因，青少年儿童常常缺席于一些社交场合。现在三四岁起的孩子多数在上幼儿园，然后上小学、初中、高中或中专等，如果亲戚家“过事”的日子恰逢孩子要上学，除了一种情况之外，即过事的亲戚恰巧是在本村，在村小学上学的孩子可以在上完上午的课后匆匆忙忙地去吃第一顿饭，上完下午的课匆匆忙忙地去吃第二顿饭，其他任何的过事活动，他们都无法参加，因而也就不知道相关礼节了。

另一方面，孩子在上学后有时不愿意与大人一起去亲戚家，亲戚来时打了招呼后有时也不愿意根据大人的要求去坐桌子边给客人倒酒或敬酒，认为这“没意思”、“不好玩”，而愿意和自己的同学一起玩，或自己躲在房子里看电视。这些情况，导致了社会礼节的学习者“不在场”。

三、反哺的出现

人类学家米德曾在其《代沟》中从文化传递的角度把人类文化教育的发展分为三种基本形式：前象征文化、互象征文化和后象征文化。前象征文化是指晚辈要向长辈学习，互象征文化是指晚辈和长辈的学习都发生在同辈人之间，后象征文化是指长辈反过来向晚辈学习。[①] 这种后象征文化的传承形式，社会学家称之为“反哺”现象。本书借用这个概念来指年青一代习得的概念代替了年长者所认可的礼节。在山涧村，最近一些年，“反哺”情况常常出现。例如，由于电视中有关内容的影响，外出打工的年轻人、在外上学的学生和村庄中经常外出的一些人认为，用自家人用过的杯子给客人倒水是不卫生的，而一些外来人，尤其是从“城市”里来的人比较讲究卫生，不愿意用别人的茶杯喝水，因而一些家庭买了一次性纸杯。但是，一些老年人和中年人认为用纸杯给客人倒水的话，客人会不高兴或者有失自家招待客人的礼节。原因主要有两个方面：一是一些人认为“纸杯”不是杯子，因而用其倒水给客人喝，则有怠慢客人的意思；另一方面认为用纸杯会使客人认为是自己嫌弃客人“脏”，将自己当作“外人”看待了。因而，当客人来时，是用一次性纸杯还是用山涧村人通常用于喝水的罐头瓶和装过调料的玻璃杯倒水给客人喝，家中的年轻人和中年人或老年人之间常常发生矛盾。一村民告诉

① 参见［美］玛格丽特·米德：《代沟》，光明日报出版社 1988 年版。

我，有些情况下，以老年人说的算，但是有些情况下还是年轻人说了算，“毕竟年轻人见多识广”。可见，和严格地遵守长幼之序不同的是，“反哺”也开始出现了。

第六节　“成家”的变与不变

如前所述，在20世纪80年代之前，一般家庭在其孩子十七八岁时就考虑给其挑选对象的事，实现他们教育孩子的目的——让他们“成家”。但是，下面一些例子则说明，“上大学走出山涧村”代替了成家，成为山涧村的一些村民们教育子女的目的。

例如，山涧村有一位1982年出生的人，2005年毕业参加工作。根据一般山涧村人用虚岁计算年龄的方法来说，在我进行田野调查时已经25岁，已经到结婚的年龄了。但是，山涧村人说：“人家工作的不一样，急啥哩。”再如村庄中一位1984年出生的男孩，2006年秋季上大四。在我进行田野调查时的一个婚礼上和他的妈妈聊天时，他妈妈说看到别人家和其差不多大的孩子纷纷定亲或成家，很是为自己的孩子着急，并说“请教”我，她儿子那样的人在大学里能否找到女朋友，能找到什么样的女朋友。而在一边听我们聊天的村里其他人则说“你家娃在上学，以后有正式工作，急啥哩”、“上学的娃是干事业的，不急婚姻的事”等。但是，对于女性而言，到了一定年龄后，如果还没有结婚的话，家人和亲戚邻居们也会着急起来。村庄里一位2006年出嫁的姑娘是学校里的公办老师，根据村民们的观点也是有正式工作的。但是，她和她的丈夫是在恋爱不到半年的时间内结婚的。在山涧村，这个恋爱时间是比较短的。而她之所以这么快结婚的一个原因是她是1981年出生的，结婚时虚岁已经26了，在结婚前半年还没有找到对象的时候，村庄中的一些人早已经议论她，说她是否哪一方面有些问题，因而找不到对象。后来，她家里人托人给她介绍了她现在的丈夫，并经过半年的相处，在基本满意的情况下就将其嫁出去了。她妈妈说，女儿嫁出，她的“任务”才完成。

所以，在新的形势下，有些情况下父母供给孩子上大学或通过其他方式让孩子得到一份“正式”工作则被一些山涧村人认为是养育孩子的目的。但是，在年轻人到了一定年龄后，“成家”仍然被认为是山涧村人培养子女的目的，村里一位即便其孩子在读研究生的母亲也说：

“娃先读书，找个好工作，然后要娶媳妇。娶了媳妇，我才放心！”

因而，从根本上说，“成家”作为山涧村人培养孩子的目的并未变化。从山涧村人的角度来说，所变化的只是在新的时代，通过考大学、打工等新的方式为“成家”做准备而已。

综合上述山涧村本土教育各方面的变化来说，其影响因素可以分为国家政策、市场经济、改革开放、学校教育等方面。这些因素在开阔山涧村青少年儿童的视野、提供给他们更多的人生选择的同时，也将他们从山涧村的本土环境“剥离”，或者作为一种新的因素进入到山涧村，通过将教育者、受教育者和教育内容加以“置换”，导致了山涧村本土教育的日渐式微，弱化了其功能。山涧村本土教育中变化比较大的一个方面是“以孩子为中心”的教育观念和行为的出现，由此，导致山涧村本土教育所强调的伦理、互助、长幼之序的价值观念逐渐得不到重视。[①]尽管山涧村人关于孩子的培养出现了很多方面的变化，但是培养和教育孩子的“成家”目的没有变化，变化的只是在新的时代，通过考大学、打工等新的方式为“成家”所做的具体准备而已。这一点反映了山涧村人对外界的因素既有“主动”接受一面，也有“被迫”接受的一面。

---

① S. Harrell 根据对有关我国的人类学研究的分析指出，我国正在从一个孝敬父母的社会转变到一个父母为孩子服务的社会。参见 *The Annual Review of Anthropology*, The Anthropoloyy of Reform and the Reform of Anthropology：Anthropologicdl Narratines of Recovery and Progress in China. Vol. 30, 2001, 6.

结 语
——兼论山涧村本土教育的未来

一

本书运用人类学的方法研究了山涧村的本土教育。认为山涧村的本土教育是基于山涧村的生活和生产而产生和发展的，一个重要特征是具有“养—教”对应模式，注重对青少年儿童进行亲情伦理的培养，重视使他们掌握山涧村人认可的社交礼节，以“成家”为一个重要的目的，并且有目的有计划地培养他们对农业生产活动和家务活动中的知识与技能的掌握等。

山涧村本土教育的开展是以村落和家庭为基本单位的，是由山涧村人自己开展的，表现出自主性和整体性的特征；具有正式性、计划性和目的性；同时，还具有制度性的特征。山涧村的本土教育具有诸如促进青少年儿童身体成长、道德发展等功能，其中，最为重要的功能是形成青少年儿童关于“山涧村（人）/农村（人）”的身份认同和地域与文化认同以及他们对山涧村/农村的认同。同时，实现山涧村的生活与生产经验的延续和发展以及促进山涧村各种形态文化的延续和发展也是山涧村本土教育的重要功能。

在国家政策、学校教育、市场经济、媒体、援助教育等因素的影响下，山涧村的本土教育在不断地发生着变化。这些变化既是山涧村人对上述各项影响因素“主动”接受的结果，也是他们“被迫”接受的结果。尽管山涧村本土教育发生了很多方面的变化，但是以“成家”作为本土教育的一个重要目的仍然存在着，并且成为支配其他方面变化的一个重要因素。

对山涧村本土教育的研究表明，人类社会的教育形态是多样的，每一种教育都有其社会生活与生产的基础。借用英语来表述的话，教育不是单数的 education，而是复数的 educations。必须将教育同整个民族文化生态系统联系起来考虑，才能相对正确认识教育的功能。[①] 只有结合一定社会的历史与文化传统、生活与生产状况才能理解该社会的教育。根据关于本土教育的上述分析，也可以说明，对某一社会中的教育进行价值判断的结果，只有适合与不适合之分，而没有“发达”与“落后”之分。所以，将教育分为“发达”的和“落后”的观点，是以一社会中的教育标准来衡量另一社会中的教育，犯了“自我中心主义”的错误，实是一种教育上的达尔文主义。

二

2006 年 8 月份，在我结束田野调查离开山涧村的前几天，NGO W 的第一批以“支教”为目的的志愿者在开展三个星期的支教活动之后，离开山涧村。但是，根据“相对于东部地区，西部地区的教育观念落后，资源匮乏。所以……我们将组织各种活动，把先进的教育理念和优质的教育资源带到山涧村，合理安排各种特色课程使他们的文化知识有所增长”[②]，他们与村干部达成“协议”，以后继续在山涧村开展支教活动。

国际组织 P 准备资助山涧村维修村小学教学楼，并免费送 7 台电脑给村小学，帮助村小学连上互联网，以给山涧村的教学提供“丰富”的教育“资源”。

Y 镇在一个多月前新开了第三家网吧。这家网吧之所以一个多月前开业，是为了赶上学生放暑假的时候，“捕俘”他们暑假回家的时间。虽然这家网吧在窑洞里，但是总共有 12 台电脑，多于只有 4 台电脑和 6 台电脑的前两家。

NGO N 的工作人员来到该村，以在农闲的时间把“无所事事”[③] 的妇女们组织起来，教她们唱歌和跳交谊舞，“丰富”她们的生活。

……

① 参见张诗亚：《西南民族教育文化溯源》，上海教育出版社 1994 年版。

② NGO W《陕西山涧村暑期支教支农计划书》，2006 年。

③ NGO N 工作人员所言。

2007年，我通过电话得知，NGO W的第二批志愿者到达山涧村，并在过年前帮助村民组织活动，“丰富”他们的冬季农闲的生活；2007年农历正月十二，县政府号召每村组织“社火”到县城游行，山涧村的男性们在这个时间已经纷纷外出打工或忙其他事，青少年儿童上学的上学、打工的打工，因而只组织了一些妇女参加……

毫无疑问，与廖泰初先生在对20世纪二三十年代的山东汶上县农村的调查中所发现的“外来的影响会伸展到最小一个村落的建设事业”① 相比，时隔约七十年的山涧村受到了更多因素的影响。上述方面的因素扩大了山涧村青少年儿童的视野，提供给他们更多的“发展”资源和人生道路。但是，上述一切似乎都没有关注到山涧村本土教育，或者认为其不重要。

山涧村本土教育受到的威胁正在一步步地加剧。

不可否认，山涧村本土教育中有许多值得继续发展的方面，但是在时代的进程中也有许多需要抛弃或改造的方面。究竟哪些是需要发展的，哪些是需要抛弃的，立场不同，观点也不同。但是，无论如何，发展或抛弃什么，是非常值得深入研究的，而不能将之全盘或不加区别地否定为“落后”的，否则将给人类的文化造成不可挽回的损失。在此，本书也不敢妄加论断。本书的目的是呈现和“深描”本土教育的状况，在理论上推动教育人类学的发展，在实践上能够引起人们意识和进一步认识本土教育，而不是对之熟视无睹，或者不认可其价值，或者否定其存在，或者甚至根本对之没有意识。另外，我想有识之士定能在前述诸多内容的分析中对扬弃什么、如何扬弃有自己的观点。期待着各位有识之士的指点。

三

弗思提出，人类学研究的可贵之处，不在于对“困难”的有关政策和实践问题提供直接的“答案”，而在于对困难产生的原因进行基本分

---

① 廖泰初：《动变中的中国农村教育》，燕京大学出版社1936年版，第41页。

析。……人类学的作用不在于解决问题，而在于判断和预测。① 实事求是地说，仅凭本书也不能对山涧村的本土教育实践和有关本土教育的研究的“未来发展”提供“正确的答案”。但是，通过本书可以说，一定社会的本土教育是培养认同该社会的人、促进该社会延续和发展的重要途径，是一定民族文化生存和发展的重要基础。在全球化的背景下，要避免“教育全球化”。格林（A. Green）指出，如果各种关于教育全球化的理论只有一半成为现实的话，那么民族—国家教育的存在基础将不再存在，民族—国家将失去对自己的教育体系的控制能力，教育再生产民族—国家文化的空间将大大地受到限制。② 所以，在诸如发展西部地区的教育就是发展这一地区的学校教育、发展农村教育就是发展农村的学校教育的教育发展观③占重要支配地位的情况下，有必要进一步关注和研究基于本土生活和生产的本土教育。

另外，每一社会的教育是人类社会“众多”教育形态中的一种，是一旦失去难以再生的教育形态，有关这种教育的观念、内容、方法等是人类教育生态中不可缺少的一部分。在当前教育理论界的研究主要集中于学校教育的情况下，对本土教育进行研究，这对于拓宽既有的教育理论研究视野、反思既有的有关研究是有一定意义的。④

费孝通说：“理解中国的关键是农民。”⑤ 随着城市化的发展，虽然

---

① 参见［英］雷蒙德·弗思：《人文类型》，华夏出版社 2002 年版，第 166 页。

② A. Green. *Education, Globalization and the Nation State*, St. Martin's Press, inc., NewYork, 1997, P. 156.

③ 在诸如经济合作发展组织（OECD）等的教育发展指标中，通常以学校教育中的师生比、入学率、升学率、校舍面积等“学校教育”方面的指标来衡量一个地区的教育发展状况。而在现实中，通常人们也根据学校教育的发展状况来评价一个地区的教育如何，例如，到一个地方，看到学校发展“不错”，可能就做出该地方教育发展不错的判断；甚至在有些情况下，当看到学校有“先进”的教学楼或其他教学设施时，我们也会做出这个地方教育发展“不错”的判断。

④ 有学者指出，我国乡村的人类学研究，可以在中国的“大传统”的内部发掘，可以用来克服知识精英自身文化的“小传统”。（参见王铭铭：《社会人类学与中国研究》，广西师范大学出版社 2005 年版，第 224 页）

⑤ 费孝通：《中国绅士》，中国社会科学出版社 2006 年版，第 102 页。

大量的农村人口离开城市，社会结构发生了很大的变化，物质生活也发生了很大的变化。但是，社会结构的变化只是表层的，物质生活的变化未必影响精神层面的变化，相反，传统文化在对于人的生活和人生的价值取向与追求方面仍然深深地影响着中国人。最近一些年对于传统文化发展与延续的强调，会进一步加强精神层面农村文化的复制和发展。没有它，人们的精神层面也少了点寄托，如同八月十五那天不过中秋节、大年初一不过春节一样。那么，传统文化如何发展与延续？本土教育是一个重要方面。在本土教育是完整的、有体系的情况下，教育者、受教育者、教育形式和载体等等方面都存在的情况下，传统文化才能得到很好的延续和发展。如何使本土教育完整地存在和发展，是值得当前主要关注“学校教育”的教育和其他相关领域重视的。

参考文献

一、英文文献

1. A. J. Bishop. Mathematical Enculturation: A Cultural Perspective on Mathematics Education. Kluwer Academic, London. 1988.

2. A. H. Gayton. Perspectives in Folklore, The Journal of American Folklore, Vol. 64, No. 252, 1951.

3. A. Beteille. The Idea of Indigenous People. Current Anthropology, Vol. 39, No. 2, 1998.

4. B. B. Whiting, J. W. M. Whiting. Children of Six Cultures: A Psycho-cultural Analysis. Cambridge, Massachusetts: Harvard University Press, 1975.

5. F. P. Hughes. Children, Play and Development, Boston : Allyn and Bacon, c1999.

6. G. D. pindler (eds.). Interpretive Ethnography of Education: At Home and Abroad. New Jersey: Erlbaum, Hillsdale, 1987.

7. GD. Spindler (eds.). Education and Cultural Process: Toward an Anthropology of Education. New York: Holt, Rinehart and Winston, 1974.

8. G. D. Spindler (eds.). Education and Culture : Anthropological Approaches. New York : Holt, Rinehart and Winston, 1963.

9. J. Lambe. Indigenous Education, Mainstream Education, and Native Studies, American Indian Quarterly, Vol. 27, 2003, 1/2.

10. J. Ryan. Discplining the innut: Normalization, Characterization, and schooling, Curriculum Inquiry, Vol, 19, No. 4, 1989.

11. J. U. Ogbu. Minority Education and Caste: The American System

in Cross Cultural Perspective. New York: Academic Press, 1987.

12. J. Whiting. Becoming a Kwoma: Teaching and Learning in a New Guinea Tribe. New Haven, Connecticut: Yale University Press, 1941.

13. J. U. Ogbu. School Ethnography: A Multilevel Approach. Anthropology & Education Quarterly, Vol. 12, No. 1, 1981.

14. M. H. Agar. The Professional Stranger: An Informal Introduction to Ethnography, San Diego: Academic Press, c1996.

15. M. Mead, Coming of Age in Samoa. New York: William Morrow, 1961.

16. Middleton, John (eds.). From Child to Adult: Studies in the Anthropology of Education, Garden City, N. Y.: Natural History Press, 1970.

17. R. Sidel. Women and Child Care in China: A Firsthand Report, New York: Hill and Wang, c1972.

18. Torsten Husén, T. Neville Postlethwaite (eds.), International Encyclopedia of Education, Kidlington: Elsevier Science Ltd, 1994.

19. Yan Yunxiang. The Flow of Gifts: Reciprocity and Social Networks in a Chinese Village. Stanford, Calif.: Stanford University Press, c1996.

20. Comparative Education. Vol. 39, No. 2, 2003.

21. Anthropology and Education Quarterly, Vol. 36, No. 1, 2005.

二、中文文献

1. 景军:《神堂记忆》, http://tsinghua.sociology.org.cn/Default.aspx?PageContentID=18&tabid=98。

2.《可爱的淳化》编委会:《可爱的淳化》,西安:陕西人民出版社1995年版。

3.[美]爱尔乌德著,钟兆麟译:《文化进化论》,上海:上海文化出版社1989年版。

4. 巴登尼玛:《文明的困惑——藏族教育之路》,成都:四川民族出版社2000年版。

5. 巴战龙问,滕星答:《人类学·田野工作·教育研究——一个教育人类学家的关怀、经验和信念》,载《中南民族大学学报(人文社科版)》2004年第2期。

6. ［巴西］保罗·弗莱雷：《被压迫者教育学》，上海：华东师范大学出版社 2001 年版。

7. ［美］本尼迪克特著，张燕等译：《文化模式》，杭州：浙江人民出版社 1988 年版。

8. ［美］博厄斯著，刘莎等译：《人类学与现代生活》，北京：华夏出版社 1999 年版。

9. ［英］拉德克利夫·布朗著，夏建中译：《社会人类学方法》，北京：华夏出版社 2002 年版。

10. 陈向明：《质的研究方法与社会科学研究》，北京：教育科学出版社 2000 年版。

11. 淳化县 Y 镇山涧村，《淳化县 Y 镇山涧村社区发展报告》（2006 年）。

12. 《淳化县教育发展规划》，淳化县档案馆（1978 年）。

13. 《淳化县教育志》，淳化县文化馆。

14. 《淳化县农业区划报告集》，淳化县档案馆（1978 年）。

15. 淳化县志编纂委员会编：《淳化县志》，西安：三秦出版社 2000 年版。

16. 戴平：《中国民族服饰文化研究》，上海：上海人民出版社 2000 年版。

17. 邓迪斯编：《世界民俗学》，上海：上海文艺出版社 1991 年版。

18. ［美］恩伯等著，杜杉杉译：《文化的变异——现代文化人类学通论》，沈阳：辽宁人民出版社 1983 年版。

19. 费孝通：《反思·对话·文化自觉》，载《北京大学学报》（哲学社会科学版），1997 年第 3 期。

20. 费孝通：《江村经济》，北京：商务印书馆 2001 年版。

21. ［美］费正清著，张理京译：《美国与中国》，北京：商务印书馆 1987 年版。

22. 冯增俊编译：《教育人类学》，海口：海南人民出版社 1988 年版。

23. 冯增俊主编：《教育人类学》，北京：人民教育出版社 2005 年版。

24. ［英］雷蒙德·弗思著，费孝通译：《人文类型》，北京：华夏出版社 2002 年版。

25. ［美］格尔茨著，王家煊等译：《地方性知识》，北京：中央编译出版社 2004 年版。

26. 顾明远主编：《教育大辞典·增订合编本》，上海：上海教育出版社 1990 年版。

27. 顾希佳：《礼仪与中国文化》，北京：人民出版社 2001 年版。

28. 郭泮溪：《中国民间游戏与竞技》，上海：生活·读书·新知三联书店 1996 年版。

29. 郭文韬：《中国传统农业思想研究》，北京：中国农业科技出版社 2001 年版。

30. 黄平等主编：《社会学·人类学新词典》，长春：吉林人民出版社 2003 年版。

31. 黄淑娉、龚佩华：《文化人类学理论方法研究》，广州：广东高等教育出版社 1998 年版。

32. 黄宗智：《长江三角洲小农家庭与乡村发展》，北京：中华书局 2000 年版。

33. 瞿葆奎：《教育学文集·教育与教育学》，北京：人民教育出版社 1993 年版。

34. 康永久：《教育制度的生成与变革》，北京：教育科学出版社 2003 年版。

35. 李善峰：《20 世纪的中国村落研究》，载《民俗研究》2004 年第 3 期。

36. 李书磊：《村落中的国家》，杭州：浙江人民出版社 1999 年版。

37. 李银河：《生育与村落文化：一爷之孙》，北京：文化艺术出版社 2003 年版。

38. 联合国教科文组织编，关世杰等译：《世界文化报告 1998——文化、创新与市场》，北京：北京大学出版社 2000 年版。

39. 联合国教科文组织，关世杰等译：《世界文化报告 2000——文化的多样性、冲突与多元共存》，北京：北京大学出版社 2002 年版。

40. 联合国教科文组织国际教育发展委员会，华东师范大学比较教育研究所译：《学会生存——教育世界的今天和明天》，北京：教育科学出版社 1996 年版。

41. 联合国教科文组织总部中文科译：《教育——财富蕴藏其中》，北京：教育科学出版社 1996 年版。

42. 梁漱溟：《中国文化要义》，北京：学林出版社 1987 年版。

43. ［法］列维·斯特劳斯著，王志明译：《忧郁的热带》，北京：生活·读书·新知三联书店 2000 年版。

44. ［法］列维·斯特劳斯著，李幼蒸译：《野性的思维》，北京：商务印书馆 1987 年版。

45. 林崇德：《发展心理学》，北京：人民教育出版社 1995 年版。

46. 林语堂：《吾国吾民》，北京：宝文堂书店 2002 年版。

47. 刘敏：《山村社会》，兰州：甘肃人民出版社 2000 年版。

48. 刘守华：《故事学纲要》，武汉：华中师范大学出版社 1989 年版。

49. 刘铁梁：《村落——民俗传承的生活空间》，载《北京师范大学学报》1996 年第 6 期。

50. 刘焱：《儿童游戏通论》，北京：北京师范大学出版社 2004 年版。

51. 刘玉玲：《教育人类学》，台北：台北扬智文化事业股份有限公司 2003 年版。

52. ［美］罗伯特·路威著，吕叔湘译：《文明与野蛮》，北京：生活·读书·新知三联书店 2005 年版。

53. ［英］洛克著，傅任敢译：《教育漫话》，北京：人民教育出版社 1979 年版。

54. ［美］马尔库斯、费彻尔著，王铭铭等译：《作为文化批评的人类学—— 一个人文学科的实验时代》，北京：生活·读书·新知三联书店 1998 年版。

55. ［英］马凌诺斯基著，费孝通译：《文化论》，北京：华夏出版社 2002 年版。

56. ［英］马凌诺斯基著，梁永佳等译：《西太平洋的航海者》，北京：华夏出版社 2002 年版。

57．［美］玛格丽特·米德著，周晓虹等译：《萨摩亚人的成年》，杭州：浙江人民出版社1987年版。

58．［美］玛格丽特·米德著，宋践等译：《三个原始部落的性别与气质》，杭州：浙江人民出版社1988年版。

59．南京师范大学《教育学》编写组：《教育学》，北京：人民教育出版社1984年版。

60．［美］F．普洛格、D．G．贝茨著，吴爱民译：《文化演进与人类行为》，沈阳：辽宁人民出版社1988年版。

61．陕西省地方志编纂委员会编：《陕西省志·民俗志》，西安：三秦出版社2000年版。

62．石中英：《知识转型与教育改革》，北京：教育科学出版社2001年版。

63．石中英：《教育学的文化性格》，太原：山西教育出版社1999年版。

64．［美］泰勒·何德兰、［英］坎贝尔·布朗士著，魏长保、黄一九等译：《孩提时代：两个传教士眼中的中国儿童生活》，北京：群言出版社2000年版。

65．唐家路：《民间艺术的文化生态论》，北京：清华大学出版社2006年版。

66．滕星：《在田野中追寻教育的文化性格》，载《广西民族学院学报》（哲学社会科学版）2004年第2期。

67．涂元玲：《试析美国人类学领域中的教育研究》，载《教育学报》2005年第5期。

68．完颜绍元：《中国风俗之谜》，上海：上海辞书出版社2002年版。

69．汪晖、陈燕谷编：《文化与公共性》，北京：生活·读书·新知三联书店1998年版。

70．汪宁生：《文化人类学调查》，北京：文物出版社1996年版。

71．王俊敏：《人类学研究与文化沟通——访费孝通等五位东亚人类学家》，载《北京大学学报》（哲学社会科学版）1996年第1期。

72．王铭铭、刘铁梁：《村落研究二人谈》，载《民俗研究》2003年第 1 期。

73．王铭铭：《教育空间的现代性与民间观念》，载《社会学研究》1999 年第 6 期。

74．王铭铭：《小地方与大社会——中国社会的社区观察》，载《社会学研究》1997 年第 1 期。

75．王铭铭：《社会人类学与中国研究》，桂林：广西师范大学出版社 2005 年版。

76．王世雄、黄卫平：《黄土风情录》，西安：陕西人民教育出版社 1991 年版。

77．韦政通：《中国文化与现代生活》，北京：中国人民大学出版社 2005 年版。

78．吴康宁：《教育社会学》，北京：人民教育出版社 1997 年版。

79．吴康宁：《我们究竟需要什么样的教育取向研究》，载《教育研究》2000 年第 9 期。

80．吴文科：《中国曲艺通论》，太原：山西教育出版社 2002 年版。

81．夏建中：《文化人类学理论学派》，北京：中国人民大学出版社 1997 年版。

82．夏征农主编：《辞海》，上海：上海辞书出版社 1999 年版。

83．项贤明：《泛教育论》，太原：山西教育出版社 2000 年版。

84．许宝强等编：《发展的幻象》，北京：中央编译出版社 2001 年版。

85．旬邑县地方志编纂委员会编：《旬邑县志》，西安：三秦出版社 2000 年版。

86．杨懋春著，张雄等译：《一个中国村庄：山东台头》，南京：江苏人民出版社 2001 年版。

87．张诗亚：《西南民族教育文化溯源》，上海：上海教育出版社 1994 年版。

88．郑新蓉：《性别与教育》，北京：教育科学出版社 2005 年版。

89．中国民俗学会，北京民俗博物馆编：《节日文化论文集》，北京：学苑出版社 2006 年版。

90．中国社会科学杂志社编：《人类学的趋势》，北京：社会科学文献出版社 2000 年版。

91. 钟敬文主编：《民俗学概论》，上海：上海文艺出版社 1998 年版。

92. 周晓虹：《现代社会心理学》，上海：上海人民出版社 1997 年版。

93. 庄孔韶：《中国乡村人类学的研究进程》，载《广西民族学院学报》2004 年第 1 期。

94. 庄孔韶：《教育人类学》，哈尔滨：黑龙江教育出版社 1988 年版。

95. 庄孔韶主编：《时空穿行：中国乡村人类学世纪回访》，北京：中国人民大学出版社 2004 年版。

图书在版编目（CIP）数据

村落中的本土教育/涂元玲著. —太原：山西教育出版社，2010. 6
（中国当代教育学术文库）
ISBN 978-7-5440-4287-1

Ⅰ. ①村… Ⅱ. ①涂… Ⅲ. ①本土教育-研究-中国
Ⅳ. ①G725

中国版本图书馆 CIP 数据核字（2010）第 003262 号

村落中的本土教育

责任编辑 樊爱香
复　　审 李　飞
终　　审 刘立平
装帧设计 王耀斌
印装监制 贾永胜

出版发行 山西出版集团·山西教育出版社
（太原市水西门街馒头巷 7 号 电话：4035711 邮编：030002）
印　　装 山西新华印业有限公司
开　　本 787×1092 1/16
印　　张 13. 5
字　　数 200 千字
版　　次 2010 年 6 月第 1 版 2010 年 6 月山西第 1 次印刷
印　　数 1—5000 册
书　　号 ISBN 978-7-5440-4287-1
定　　价 27. 00 元